HELP!

How to become slightly happier and get a bit more done

「人生をなんとかしたい」あなたのための現実的な提案

Oliver Burkeman オリバー・バークマン
下 隆全＝訳

河出書房新社

第1章

今すぐに改めるべきこと
——大げさな決まり文句に惑わされるな

第2章

心の扱い方を知る
——幸福度を高める方法

第3章

良い友だち、良い人間関係

——現代的社会生活の営み方

第4章 職場と自身の環境改善
——余計なストレスを排除する

第5章

仕事をはかどらせる方法

——生産性の向上

第6章

健康な精神生活を送るための智恵と工夫

――もっと頭を使おう

第7章

日々の疎ましい思いとの付き合い方
——心の平穏のために

第8章

安易についていくな！

——大物、超人、その他いかがわしい人物

第9章 不完全こそ最高の状態 ——まさかと思われる幸福への道

序文

私が週刊誌にコラムを書き始めてから数年経った。「人の幸せ」にかかわるいろいろな問題を解決しよう、というのがコラムの主旨だ。しかし、正直言って、初めのうちは冗談半分だった。なぜなら、この種のテーマはすでに多くの偉大な思想家たちによってさまざまに論じられてきたからだ。『ニコマコス倫理学』を書いた古代ギリシアのアリストテレスに始まり、『**7日間で人生を変えよう**』（柴田裕之訳、宝島社）を書いた現代の世界的に有名な催眠術師ポール・マッケンナにいたるまで、さまざまな人がチャレンジしてきた。そんなテーマに、今更私が新たな光を当てることになるとは、想像すらしなかった。

しかしながら、当初の私は冗談半分であったとはいえ、残りの半分は間違いなく本気だった。確かに頭の中は皮肉や嫌味で満ちていたが、心の奥底では幸せを追求したい気持ちでいっぱいだった。

物事を普通に考え、いいかげんな説明に簡単にだまされない人ならわかっていただけると思う。**自己啓発界の大御所たちが唱えるうさん臭い預言の数々に、私は我慢できなくなったのだ。**例えば、一日六〇〇ドルの「やる気を起こすワークショップ」を経営し、『**一瞬で「自分の夢」を実現する法**』（本田健訳、三笠書房）という本を書いたアンソニー・ロビンズ。彼ほどイカサマじみていなくても、プロといわれる心理学者や哲学者たちがさまざまに唱える広い意味での「幸せの探求」を追っていくと、やはり首をかしげたくなることがたくさん目に付くのである。

幸いなことに、私がこのテーマを深く掘り下げようとしていた頃、懐疑的で知性派とされる知識人の間でも「幸せ」を議論の対象に取り上げる動きが始まっていた。

この動きには二種類あって、一つは、大学の心理学者たちの間で爆発的に起こった「幸せの研究」だった。人々が何かを成就したときに覚える達成感（満足感）の発生源を特定しようというもので、そこでは、厳しい実験が重ねられていた。

もう一つはいわゆる「ライフハック」である。これは従来のように勇ましい預言や目標を掲げるのではなく、もっと穏やかで身近な目標を設定しようという自己啓発運動である。例えば、優柔不断と決別し敏速に決断・実行する方法とか、メールの受信箱などをいかに効率的に管理するかなど、要はいかにして日常生活をシンプルにするかという目標を追求するものだ。私には、このライフハックの方が親しみやすかった。なぜなら、「時間管理システム」や「やることリスト」、「自己管理手帳」などといった手近なものが私のオタク趣味の対象だったからだ。

ともあれ、私は深く息を吸い込んで、過剰になりがちな自意識を抑えながらポピュラー心理学の世界へ探検に出ることにした。ここで「ポピュラー心理学」というのは、おおざっぱに言ってしまうと、主に自己啓発、幸せの研究、ライフハックなどを対象とする実用的な心理学である。私は「神経言語プログラミング」について専門家から学び、自己催眠術のCDに耳を傾け、社会心理学者や仏教徒の心理療法士、さらには新興宗教「サイエントロジー」の専門家にも話を聞いたりしたが、正直言ってあまり参考になるものはなかった。私は日々の感謝すべき出来事を日記に綴り、朝は早起きし、手に負えない数のメールの受信箱を何とか整理して、ブツブツぼやきたくなる日々を我慢して送った。そしてたくさんの本や研究論文を読んだ。その中にはとてもじゃないが読者に推薦できる内容ではないものもあったが——**そうやって私は、初めて訪れる国から本国にレポートを送る海外特派員の心境でこのポピュラー心理学の世界に入っていった。**本書は、私がその間に気付いたことを記したものである。

大恐慌の到来の中で生じた「ポジティブ思考」について語ったベストセラー、デール・カーネギーの『**人を動かす**』（山口博訳、創元社）、ナポレオン・ヒルの『**思考は現実化する**』（田中孝顕訳、きこ書房）、ノーマン・ヴィンセント・ピール『**積極的考え方の力　ポジティブ思考が人生を変える**』（桑名一央・市村和夫訳、ダイヤモンド社）は、その後安っぽい詐欺まがいの自己啓発思想を世間に流通させる原因となった。これらは、どうにもならない強大な力に打ちのめされ意気消沈している人々へ、考え方を変えるだけで自らの運命をコントロールできるのだということを謳ったのである。

実際のところ、これらの積極的思考がすべてナンセンスであるなら話は簡単なのだが、そうは言い切れないのが嘆かわしいところである。しかし、現実には、積極的思考の悪弊が人々の心を徐々に侵食しているのを看過できない。積極的思考を唱える自己啓発家たちは、人々の人生を充実したものにすることを保証しながら、もしならなかった場合には（多分ならないだろう）不成功の原因をその人自身の努力不足のせいにする。被害者の中には自己嫌悪と罪の意識にさいなまれ、最悪の結末を迎える人もいる。そんなとき、一番の責任を問われるべき著者の何人かは、「各人の現実の姿はその人の思考によって作り上げられる」などと唱え、平気な顔をしている。

しかしながら、ポピュラー心理学全体が積極的思考に汚染されているか、というと、そうでもない。深い洞察力を持ち、実践可能で賢明かつ人間味にあふれる部分も多く残されている。問題はそれらの違いを知るための秘訣である。

もう一つ求められる秘訣は、いかにして実践するか、である。私は今までに多くの自己啓発の大御所に会い、自己啓発の本を読み、幸福の研究室を訪ね、やる気を起こすＣＤやワークショップなどを体験してきた。そんな私に寄せられた質問は「本当に今までより幸せになれたか?」、「生産性は向上したか?」、「より多くの成功を体験できたか?」というものだった。**私は、「できた」と思っている。**ただし、「幸せについて何か大きな原則」を発見した、というのではない。私が「できた」というのは、そんな大それたことではない。むしろ、数々のこまごまとした事柄であり、テクニックであり、ちょっとした洞察のたぐいだった。

私が何か大きな原則を新たに発見したとすれば、それはおそらく「変化」についての考え方だろう。今まで考えてきた「変化」という概念、つまりここでいう「自己啓発」について考え直さねばならなくなった、ということだ。**「自己啓発」という言い方が気に入らなくても、それがわ**

れわれの人生に変化を与えるものであることに間違いないからである。

また、本書は伝統的な意味での助言書ではないが、はっきり言って私が読者の皆さんに忠告したいのは、自らを助言者の元祖であるかのように振舞う人々には絶えず疑いの目を向けなさい、ということだ。自己啓発の内容はすべてオープンで、秘密扱いなどにはなっていないことに注目しなければならない。つまり、神秘性を重んじる宗教や神話などとは違うのである。したがって、「幸福の秘密をこっそり教えてやろう」などと言って近づいてくる人物には用心した方がいい。その意味では、あの超ベストセラー『**ザ・シークレット**』（山川紘矢・山川亜希子・佐野美代子訳、角川書店）が良い例になる。

本書は多分、**広大で時には迷いそうになる自己啓発の世界を旅するときのロードマップ**として役に立つだろう。そしてまた、両刃の剣として、一方では役に立たない戯言があふれるほどありながら、もう一方では、高いレベルでかつ科学的に信頼のおける助言やヒントがいたるところに転がっていることにも気付くはずだ。

白状すると、私はほかの自己啓発家のように「幸福の秘密」を解明しようとして十分な時間を割いてきたわけではない。そんな私がこれから時間をかけて探求しようというのは、人間の幸せそのものというより、それを適切に保存・維持するための使いやすいファイルシステムを考案することだと言った方が正しいのだろう。

第1章

今すぐに改めるべきこと

——大げさな決まり文句に惑わされるな

「情熱を持てる仕事」など探すだけ無駄だ

まるで楡《にれ》の木を枯らす伝染病「ニレ立枯病」のように、全国の自己啓発と通俗スピリチュアルの世界に勢いよく広がっていったのが「自らの情熱を見つける」という考え方だった。「情熱」という言葉は、今や人生を通して頻繁に使われるようになった。首尾よく自らの情熱を見つけることのできた人は、その後ずっと情熱のある人生を送ることができるといい、逆に情熱という言葉を聞くだけで心身共に疲れを感じる人は、やり方を間違えているともいう。

このように過剰なばかりの「情熱探し」がいずれは何らかの逆効果をもたらすだろうことは容易に予測できた。案の定、「スタディー・ハックス」というウェブサイトで学術的な助言を提供しているキャル・ニューポートの報告によると、巷には苦悩する学生たちの助けを求める声が大合唱となって上がっているそうだ。彼らはいまだに自分たちの情熱を見つけることができずにいるか、あるいはあまりにも多くの情熱を見つけたためどれを選んだらよいか決められずにいるか、もしくは、例えば電気技術者の道を選んだにもかかわらず動物相手の仕事に情熱を感じている、といったように、さまざまに苦悩しているのである。

ニューポートは言う。「そうした学生たちにとっての情熱とは、もともとどこか、そのあたりに存在していて、『神秘的でプラトニックで、誰かに発見されるのを待っているもの』であり、それは間違った危険な思い込みである」と。彼が言いたいのは、情熱とは何らかの技能を修得したときに感じるもので、苦労せずに得る魔法のようなものではない、つまり、**情熱は自ら創り出**

すものであって、「見つける」ものではない、ということだ。

仮に今の仕事が大嫌いだとする。もしも情熱が「どこか、そのあたり」にあって発見されるのを待っているものなら、今の仕事を辞め、ほかの仕事を探すしかない。しかし、もし情熱が創り出されるものであれば、今の仕事を別の方法でやってみるというのも有力な案の一つとして考えられるのである。

さらに掘り下げて考えてみると、とにもかくにも、情熱に支配される仕事や人生に果たしてどれほどの価値があるのだろうか、という根本的な疑問を感じるのである。情熱から神秘性を取り除いてみてはどうか。そうすることは、「人々を情熱の呪縛から解放することである。人生で『正しい』ことをしているかどうか不安に思いながら情熱という妄想に取り憑かれていた人たちを解放することである」とニューポートは言っている。「**しっかり取り組めば、ほとんどのものが単なる興味の対象から情熱の対象に変わることがわかる。**だから、在学中の学生が学位や卒業後の職業などの選択で悩む理由などまったくない」と。

社会人になったら目の前にあるものから、興味あるものを選べばいい。後はそれをしっかり頑張ってやることだ。そうすれば、それらがいつの間にか興味の対象から情熱の対象に変わっているのに気付くだろう。「情熱」とはその程度の代物で、大騒ぎするほどのものではないのかもしれない。

「快適ゾーン」「不快ゾーン」二元化の罠

私の親友に某大学所属のまじめな科学者がいる。彼は、現在流行している自己啓発本やワークショップ、ウェブサイトはすべてが意志薄弱な戯言にすぎない、と思い込んでいる。そんな彼が、最近スカイダイビングを始めたそうだ。「そりゃあ、おっかないさ。でも、本当に価値のあることとは何だっておっかないものだろう」と。まったくそのとおりだ。だが、逆におっかないことがすべてやりがいのあることとは言えない。例えば、目隠しをしたまま交通量の多い高速道路の直線コースを走って横切るなんてことは、まったくゾッとする話だ。

この話は、昨今の自己啓発家たちが自由気ままに喧伝している「快適ゾーン」という考え方に関連する。彼らの説明は、「もしあなたが何かで成功したいなら、快適ゾーンの外へ一歩踏み出しなさい」というものだ。彼らの理屈はこうだ。自己責任で行うこと、例えば、今の会社を辞めるとか、昇給を要求するとか、誰かをデートに誘うとか、付き合いをやめるとか、そういった行為はすべて非常に強い不快感をもよおすものである。なぜなら、それらは将来に対する大きな不安を誘発するからだ。

しかしながら、世間ではほとんど語られていないが、**快適ゾーンの内側にいても「このままでいいのか？」という不安が広がり、快適どころか不快な気分になることが多いのもまた事実だ。**

だからといって、快適ゾーンの概念がまったく役に立たない、と言っているのではない。スーザン・ジェファーズのベストセラーに、古典的ながら非常に分別のある内容の『**とにかくやって**

みよう　不安や迷いが自信と行動に変わる思考法』（山内あゆ子訳、海と月社）がある。今まさに求められているのは、そこで語られている内容を実践する力なのである。

ただ、誤解しないでほしいが、これはトム・ピーターズのような大物経営コンサルタントが熱狂的に勧めているような内容ではない。彼のように、「肝をつぶすほど恐ろしいことに挑戦せよ」とか、「あえて不快ゾーンを探究せよ」などと言っているのではないのだ。

私が言いたいのは、人が何かを行う前に感じる「怖いなあ」とか「もし失敗したらどうしよう」とか「できれば、やらずに済ませたい」などという内的恐怖心や消極心をいかにして克服するか、ということである。

「自分自身を諦めなさい」と言ったのは、日本の心理学者、森田正馬である。このいかにも東洋人らしい無表情な助言は、ニヤニヤ笑いながら説得にやってくるポジティブ思考家の一団と一線を画し、新鮮な一息を入れてくれるものだ。彼は言う。「今すぐ、行動を起こしなさい。ノイローゼの状態にあっても、不完全であっても、優柔不断であっても、不健康であっても、怠惰であっても、その他自らを正確に表現できないいかなる状態にあっても、とにかく前進しなさい。そして、**でき得る限り最高に『不完全な人間』でありなさい。**死ぬまでに成就させたいことをただちに始めなさい」と。

「いつもの自分」の無意味さ

「初めてのデートで大切なことは、何よりもまず、いつもの自分を失わないことです」と、人気テレビタレントで人間関係のコンサルタント、リサ・ステッドマンは言う。彼女がそのベストセラー『It's a Breakup, Not a Breakdown（ブレイクダウンしたんじゃない、ブレイクアップしたの！）』で繰り返し述べているこのアドバイスは、昔からずっと語り伝えられてきた「決まり文句」にほかならない。デートに限ったことではない。書店の棚に並べられた自己啓発本や雑誌に目をやると、就職の面接や、友だち作りや、商談などをうまく進めるにも「いつもの自分でいること」がカギになると説かれている。

しかしながら、よく考えてみると、**「いつもの自分でいること」という言い回しは極めて特異でとらえどころのない言葉である。**そのもっともらしく深刻な響きにもかかわらず、具体的内容に欠ける無意味なアドバイスだからだ。第一に、「いつもの自分（本当の自分）とは何か」という問題がある（実は、この「いつもの自分であれ」という表現は古い禅宗の「公案」の文言を翻訳したもので、「公案」とは仏教の修行僧の心にショックを与えるために考案された課題集である。合理的な意味を持たない文言ばかりで、これら実のない文言を日々の警告として繰り返し唱えることが果たして賢明かどうか疑問に思わせる代物なのだ）。

第二に、仮に本当の自分が何であるかを認識しているとしても、自分らしく振舞うのは不可能である、ということだ。そもそも本物の自分になろうと積極的な行動を試みること自体、すでに見せかけの行為にすぎない。しかも、このパラドックスをこえようとして、積極的な行動を控えたとしたらどうだろう。それもまた、形を変えた見せかけ行為にすぎない。

スタンフォード大学の心理学者キャロル・ドゥエックは決定的な反論をしている。**自分の個性や特技を固定的にとらえることはその人の行動意思を制限し、それ以上の行動やそれ以下の成果に対して不安や不満などのストレスを引き起こす原因となる。**これとは反対に、失敗や不成功を恐れず、自分の才能を発展的にとらえる考え方がある。早期の失敗は物事が進行中であることを示すフィードバックであると考えるのだ。ある意味で、人々はここにいたって初めて「いつもの自分（制約を受けないありのままの自分）でいること」が可能となるのではないだろうか。ただし、その**「自分」とはそもそも本質的に変化し続けるものである。**ドゥエックの研究が示すのは、人間は自分の能力を固定的なものから拡張的なものに変えるだけで、ストレスレベルや成功のパターンを変えることができる、ということだ。そうすることで、人々は変化を冒険としてとらえ、自分自身を固定的な枠組みから解放できるのである。

「人生の再出発」は可能か？

一九九六年に出版された『How to Disappear Completely and Never Be Found（完全に姿を消し、二度と発見されない方法）』は、「自殺まがい」の行為をするにはどうすればいいか、を説いた解説書である。著者のダグ・リッチモンドはこの本で、死んだと見せかけ、過去に味わった失望感に邪魔されることなく心機一転別人のように生きていく方法について書いている。この擬似死を話のオチにして楽しむ同好会まで現れてきている。

　これほど極端でなくても、われわれの大半がとる行動の根底にはやはり同様の「新たな出発」に頼ろうとする傾向がある。自己啓発の取り組みが成り立つのも、純粋の意志力によって自分自身を好ましからざる人格特徴（性格特性）からきっぱりと切り離すことができるという暗黙の了解があってのことなのだ。この種の罪を犯す最悪の犯罪者が自己啓発本の著者たちであることは、何も驚くに値しない。ごらんなさい、『人生の大改造』とか『再出発への挑戦』などと銘打って店頭に並んでいる本の数々を。しかも、この「再出発主義」は個人や公共の生活の場にも浸透している。例えば、ほとんどの政治家が選挙のために掲げる公約や、会社の経営者が不振の会社をオーバーホールするとして発表する戦略的計画などがそうである。

　ここで問題になるのは、人々――それに社会や会社も――が極めて複雑にできていることだ。そのため、全体を変革するためにその一部に焦点を当てて計画を立てるとしても、ほかの有力な要因のほとんどが間違いなく無視されてしまう。いわゆる「焦点の錯覚」現象が起こるのである。これはちょうど、われわれがその**生涯において一つの転機、例えば転居や結婚などが人生の幸福にもたらす影響を過大評価している**のに似ている。ある有名な研究によると、陽光に輝くカリフォルニアの住民としばしば気温が氷点下になる中西部の住民は、お互いの生活を比較してカリフォルニア住民の方が天候に恵まれているので中西部住民より幸せであると考えていたが、実際には両者の幸福度にはほとんど差がなかった、という。陽光の多い土地に移り住むことは、想像するほど大きな変化をもたらすものではなかったのだ。同様に、われわれが再出発しようと決心したとしても、実際には無数の可能性の中で一つか二つの局面を調整しようとしているにすぎないのである。

さらに奥深い問題がある。再出発という新しい概念は、一歩後ろへ下がって自らの人格特性を客観的に観察し、その特性のいくつかを選んで変化させよう、というものなのだ。しかし、現実には、われわれ自身とそれら人格特性は一体であって、切り離すことができないことは明らかである。

しかし、このことは必ずしも自身を変化させることが不可能であるという意味ではない——事実、不可能ではない——ただ、それは物事をさらに広く複雑にするものだ。つまり、われわれは忘れ去ろうと試みていることに否応なしにかかわりあい続けねばならず、従って本当に再出発できるかどうかが、疑わしくなるのである。「今いるところからスタートせよ」というのは、幸福に関する本に共通の（非常に賢明な）タイトルであるが、本当のところは、「今いるところに留まっているしか方法がない」ということなのだ。

過去と縁を切ることはいつも好都合とは限らない、という認知療法士の主張は妥当である。**今の自分から完全に逃れようとする試みは必ず失敗する**のである。

「受け入れる」と「我慢する」の違い

私は自己啓発の世界を放浪しながらたくさんの人からいろいろなことを学んできた。その中の一つに「受け入れる技術」というのがある。もちろん、大半の自己啓発書は、これとは逆に「あなたの人生を丸ごと変える方法」について説いている。一握りの自己啓発本だけが、「あなたの人生や仕事を愛しなさい。あるいは、あなたがまだ独身だという事実を受け入れなさい」などと説いている。そして、あなたが今持っているものに満足する方法を説いている。しかし、これら少数派の言い分にはどこか腰の引けたところがあって、聞いている私はいらいらしてくるのである。例えば、実際に虐待を受けていても相手を許せるだろうか。あるいは自然を汚すような行為を目にしても容認できるだろうか。

アメリカで有名な仏教指導者タラ・ブラックによる**『ラディカル・アクセプタンス』**（マジストラリ佐々木啓乃訳、サンガ）のタイトルを見たとき、私は「アクセプタンス」という用語には単に「受け入れ」という意味だけでは済まされない何かプラスアルファがあるな、と感じた。ちなみに、タラ・ブラックはなまじっかの大衆思想家ではなかった。二〇〇三年、米国の不法なイラク侵攻が始まろうとしていたとき、彼女はホワイトハウスでの抗議行動に参加して逮捕され、短期間だが投獄された。彼女の説明によると、「アクセプタンス」の概念は「消極的な受け入れ姿勢」という意味で使用され、その「消極性」の根底には、不本意ながらも世間の要求に無抵抗で応じる気持ちが流れている、という。

しかし、現実に使われているアクセプタンスは、他人から言われるままに黒を白と自分に納得させることでは決してない。それは、現実に起こっている事項をありのままに全面的に認めること、つまり目の前に存在する現実をそのまま受け入れることなのだ。そこでは、あなた自身のネガティブな気持ちも重要な要素である。**「事態を受け入れる（甘受する）」ということは、あなたがそれを好んだり了解していることを意味するものでは「ない」**、と心理学者ロバート・L・リーヒはその著書**『不安な心の癒し方』**（八木由里子訳、アスペクト）に書いている。「その意味するところは、**『これが現実だ』ということをあなた自身が悟ることであり、それがあなたの出発点になるのです**」と。

このように述べると、何もしないことに対する言い訳（責任逃れ）をしているように聞こえるが、ほとんどの人は妄想などに取り憑かれることなく、現実に起こっていることを冷静にありのまま受け入れている。しかし同時に、日常生活でいやなことに出会わないように精いっぱいの努力をしているのも事実である。誰しも受け入れたくない現実に出会うと気分が滅入ってくる。そんなときに自分の中で湧き起こるネガティブな考えに気付き、それを叩きつぶすか、徹底的に非難しようとする。自分はそもそも不快な気分になどなってはいけないのだ、と考える。こうして、現実に起こっていることや、自らの感情を否定しようとするのである。

このように、物事を「受け入れる」ということは、いやなことを我慢することではない。このことは、人が真に変化を遂げようとするときの前提条件になるのではないだろうか。一例を挙げよう。ある大学での研究によると、自分の病状を悲観していた糖尿病患者が自らの後ろ向きな心情に気付かされて以来、何とか努力してブドウ糖のレベルを安定化させることができた、という。アメリカの臨床心理学者カール・ロジャーズの有名な逆説を引用しよう。「人はありのままの自分を受け入れたとき、初めて変化することができる」

目標を追うだけの人生って……

私が今までに読んだ本で最も強いストレスを感じたのは、ビジネスコンサルタントのブライアン・トレーシーが書いた『**ゴール　最速で成果が上がる21ステップ**』（早野依子訳、ＰＨＰ研究所）という本だ。ただし、これはサッカーの本ではない。人生の目標（ゴール）を達成する方法が書かれている。このタイトルからして、この本の特異な内容が推測される。実際、読んでいて胃袋がきりきり痛むような気分になる。著者は、「明確なゴールのない人生は濃い霧の中に住んでいるようなものだ」と書いている。これは**一方の手で読者の劣等感《コンプレックス》を衝く効果があり、もう一方の手にその解決策をちらつかせることで読者の関心を惹こうというものだ。**まずは、「何をしたいのか」を正確に定め、次にその目標に向けてがむしゃらに突き進むべきだ、と言う。代案はない。成功するか失敗するか、のいずれかだ、とも言う。「引き続き休みなく目標を追いかけなさい。さもなければ競争から脱落して何のメリットもない人間になりますよ」と、大きな声で執拗に話しかけてくるのがこの本である。

世の中の企業や団体には、従業員に対して「ＳＭＡＲＴ」という、見るからにスマートな標語を掲げさせているところがある。特定（スペシフィック）のＳ、測定可能（メジャラブル）のＭ、達成可能な（アテイナブル）のＡ、現実的な（リアリスティック）のＲ、期限を定めた（タイム・バウンデッド）のＴを連ねた頭字語であるが、もしもあなたが不幸にもこんな会社で働かねばならないなら、トレーシーの主張する人生の生き方を身近に感じざるを得ないだろう。

ここに、よく引用される事例がある。一九五三年、エール大学を卒業しようとしている学生に、何か具体的な人生目標を持っているかどうか、アンケートをとったところ、「持っている」と答えたのはわずか三パーセントだった。その二〇年後、同じ人物を対象に追跡調査を行った結果、「人生目標を持っている」と答えた三パーセントの人たちが築いた財産が残り九七パーセントの人たちの財産の合計より多かったそうだ。

この事例は、一見したところ、「目標設定」派に圧倒的に有利な論拠を与えるように見えるが、一つだけ重大な（致命的な）問題点がある。それは、この事例が唯一の具体的事例であって、同じことが二度と生じなかった、ということだ。このようにたった一回の事例ですべてを判断することに疑問を呈したのは、世界の革新的な会社を紹介することで有名なアメリカの雑誌『ファスト・カンパニー』で、一九五〇年代以降のエール大学の記録文書を徹底的に調べた結果だとしている。《訳注：その後の著者バークマンによる調査および二〇二〇年のエール大学公式発表によって、この「目標設定に関する調査」自体単なる伝説にすぎず、実際にそのような研究が行われた訳ではないということが明らかになっている》

トレーシーは「人生」という言葉を好んで使うが、彼に言わせると「人生はビュッフェのようなもので、テーブルについてゆっくり食事をするレストランではない。人々は今現在の時間を惜しんで仕事に精を出さねばならない。そうすれば、将来、それまでの労苦に報いるだけの果実を味わうことができるだろう」と。しかし、彼の言うことは間違いである。なぜなら、日々の幸せをこつこつと節約して貯めていけば、死の間際のわずかな時間になって初めて自己満足することができる、と言っているのと変わらないではないか。洞察力のあるステファン・シャピロと比較すればよくわかる。シャピロはその著書『Goal-Free Living（目標に縛られない生き方）』に、「人は特定の目的に拘束されることなく、自らが進む方向を決めることができる」と書いている。「チャンスはしばしば訪れる。時にはそっと訪れることがある。**自分の特定の目標を盲目的に追いかけている人は、予想しなかったすばらしい可能性の到来に気が付かない**」とも書いている。私には、シャピロの考え方の方がずっと健全かつ賢明に思えてならない。

〝〇日で人生が変わる〟という呪文

多くの自己啓発本の著者がそれぞれに特定の期間を指定して、その期間内に大々的な変化が起こることを約束している。ロンダ・ブリテンのベストセラー『Change Your Life in 30 Days（三〇日で人生を変えよう）』をはじめ、『Change Almost Anything in 21 Days（二一日でほとんど何でも変えられる)』や『Change Your Life in 7 Days(七日間で人生を変えよう)』、『Shape Shifter(変幻自在――一日であなたの人生を変える)』、そして私の愛読書『Transform Your Life in 90 minutes(あなたの人生を九〇分で変えよう)』などがある。

　せっかちな私にしては気付くのに随分と時間を要したが、**「~以内」というように期限を設けること自体がストレスや不安を引き起こす要因にほかならない。**もちろん、時間を区切るのは物事を片付ける上では大切なことに違いないが、自己啓発の本来の目的にストレスや不安の緩和が含まれているのだから、明らかな自己矛盾である。

　さらに悪いことに、この手の本は「完璧主義」で貫かれている。つまり、「少しでも改善できればよし」とするのではなく、隅々まで例外なく変えてしまおうとするのである。私が出席したある不動産会社の販売促進セミナーでは、参加者のやる気を鼓舞する演説者が、同じ会社の二五〇人の不動産プロを前にして、来年は君たち全員が会社でナンバー・ワンのセールスマンになれるという意味のことを話していた。この自己矛盾に気付かない完璧主義者たちに対し、反自己啓発の急先鋒であるスティーブ・サレルノはその著書『SHAM(いんちき)』でまったく的を射た批評をしている。「考えてもごらんなさい。運やタイミングや競争を否定し、**何事も純粋な意志の力で遂行できると信じている完璧主義者**の世界に、われわれのように不完全な人間が不完全のまま登場せねばならないとなると、その精神的負担は計り知れないでしょう」

　こんな完璧主義の人々がパニック発作を起こしても決して不思議ではない。私は、近いうちに本を書こうと思っている。『押し寄せるパニック発作を克服するのは、今だ。今しかない。本当に悪い事態になってからでは遅い』という趣旨の本だ。

世の中には、往々にして「問題を解決するよりも発生させる方が多い」といわれている芸術家連中がいるが、その中で指導的な立場にあるのが、製品デザイナーである完璧主義者カリム・ラシッドである。彼の著書『Design Your Self（自分自身をデザインする）』は、人の心にずけずけと入り込んで異常なまでの強迫観念を植え付ける代物だ。彼は「靴下やTシャツ、下着などのデザインは一体化していなければならない。つまり、秩序正しく完璧な品揃えにしなければならない……」と主張する。

これに対して、「完璧主義は圧政者の声であり、人民の敵である」とアン・ラモットは、文章の書き方を指南する著書『Bird by Bird（一羽ずつ）』で述べている。彼女はまことに分別のある随筆家だ。「完璧主義はあなたの人生を窮屈にし、あなたの気を狂わせてしまう……。あなたは、踏み石を一つひとつ踏み外さないように注意して歩いていけば死ぬ心配はない、などという妄想に取り憑かれてしまう。だが、人はいつか必ず死ぬのであって、**多くの人は足元をろくに見ずに走りながら、それでもずっと楽しい人生を送っているではないか**」と言う。私自身、何がなんでもアン・ラモットに賛同するわけではないが、彼女の忠告は非常にすばらしいと思う。

自己啓発音源は効果があるのか？

最近、「パラリミナル」という自己啓発シリーズのCDを聴いている。これは最先端技術を駆使して「瞬間的に人を惹き付ける個人的魅力」を身に付けるためのものだ。友人や仕事仲間に効果を確かめようと聞いて回ったところ、確かに反応があった、私が当初期待していた特徴とはちょっと違っていたが。

パラリミナルのセールスポイントは、それが催眠術などを利用するものでなく、かといって正常な意識の下で処理されるものでもないことにある。まず両耳にイヤホンを付け、それを通してポール・シーリーというアメリカ人の甘ったるい声を聴く。ただし、左右のイヤホンからは別々の内容の話が同時に聞こえてくる仕掛けになっている。「あなたの意識は、二つの音声を同時に処理するのが難しいことを悟ります。そこで、ストップするのです」とシーリーは説明する。私はまず、乗り物に酔った気分になった。そのうちに何も考えられなくなり、とてもリラックスした気分になった。これが約束されたパラリミナルのご利益《りやく》なのだろうか？（ちなみに、この種のCDには、この「瞬間的に人を惹き付ける個人的魅力」のほかに、「理想的な体重」、「不安からの解放」、「それをするための時間を見つけよう」、「前向きな人間関係」などがあって、それぞれの値段は約一九ポンド〈約三〇〇〇円〉である）。

「パラリミナル」は現代の先端技術を駆使しているが、一世紀半ほど遡った時代に生まれたフランスの薬剤師エミール・クーエにとっては驚くに値しないことだっただろう。彼の一九二二年の著書『**暗示で心と体を癒しなさい！**』（林陽訳、かんき出版）では、人々に、鏡の前に立って「私は、日に日にあらゆる面で良くなっていきます」と繰り返し唱えることを勧めている。今日では、このような文句は感傷的すぎるため、誰も真似をしようとしないが、そうかと言って、私たちが独り言でつぶやいたり、あるいはそのような効果のあるＣＤを買うことが間違っているというわけではない。

クーエが好んで例に挙げるのは、地面に置かれた三〇フィート（約一〇メートル）の長さで幅が一フィート（三〇センチ）の板である。その上を歩くのはもちろん簡単だが、「もし、その板が大聖堂の塔の高さに置かれていたとしたらどうか。狭い幅の板の上をたとえ数フィートたりとも前に進めないのではないか？」と言う。一体なぜなのか？　何が異なるのか？　われわれが自分でできないと想像してしまうだけではないのか？　クーエの結論はこうだ。「われわれはそれぞれの意思を大切にし、思いどおりに自由に行動できるものと信じているが、**所詮は想像の糸に操られたあわれな人形**なのである」

〝死ぬまでにしたい〇〇〟の安直な満足感

『100 Things to Do Before You Die（死ぬまでにしておきたい一〇〇のこと）』というベストセラーを出したデイブ・フリーマンとニール・テプリカは、共著の中で夢あふれる人生を描いている。例えば、牛追い祭りで有名なスペインのパンプローナという町で牛と一緒に街路を走ってみたいとか、ハイチ島で現地の原始宗教ブードゥー教の巡礼に参加したいなどのエキゾチックな体験も含まれている。しかし、共著者の一人、デイブ・フリーマンは二〇〇八年に四七歳の若さで人生を閉じた。そのときまでに彼が成し遂げたことは一〇〇の半分にも満たなかっただろう。このことを世間は「皮肉な現実」として広く報じた（そのときの私には、フリーマンの真意を汲まない残酷な評価に思えた）。彼は短い人生の中でできるだけ多く体験するため、忙しい毎日を送っていたにちがいない。しかし彼は、これらリストに挙げた一〇〇の体験をすべてやり通さなければ意味がない、などと考えていたわけではないのは確かだ。世間の皮肉屋たちが、そしてこの私も注目したのは、彼の作った「死ぬまでにやることリスト」そのものであって、その数や内容ではない。

フリーマンたちの作品の成功に続いて、「死ぬまでにやりたいこと」シリーズが人気を博した。「死ぬまでに聴いておきたいアルバム」とか、「死ぬまでに観たい映画のリスト」、「死ぬまでに鑑賞したい美術作品」などである。内容が段々にエスカレートして、「死ぬまでに賞味すべき一〇〇一の料理」とか、「死ぬまでに訪問すべき建物」なども出された。皮肉なことに、「死ぬまでにしてはならない事項のリスト」というパロディー作品まで現れた。

これらの流行については、批判的な動きもあった。リストに挙げられた快楽やスリルを一つひとつ体験していっても、また衝動的に新しいものを探してみても人生の充足感には繋がらない、というのがその主張だ。その急進的な主張は、自然派詩人ゲーリー・スナイダーの「家にいなさい」というものだった。ここで再び議論の中心になったのは、**慣れないことに積極的に挑戦することが脳の働きを柔軟にし、時間の経過を忘れさせる効果を持つのではないか**、ということである。そうなると、単に「死ぬまでにやりたいことリスト」だけをやり玉に挙げるのではなく、自己啓発業界で話題になっている「あなたの人生のストレスを解消する一五〇の方法」などを含めた広い範囲の「情報リスト」が問題になってくるのである。しかも、「やりたいことリスト」を読んだり作ったりしていると、それだけでやった気になって、ついつい実際の行動を省略する誘惑にもなるという副作用まで認識されている。

「情報リスト」は物事の根本的な改善を積極的に妨げようとする、と作家で放送アナウンサーのマーリン・マンは言う。今すぐに手にすることのできる便利な情報によって、本当に必要とされる情報が不鮮明になるからだ、という。また、選択肢が多すぎるため、ついついイージーゴーイングに走る傾向がある、ともいう。

さて、今の世の中のように「死」についてなるべく考えないようにしようとする風潮の中で、この「死ぬまでにやりたいこと」という言葉が頻繁に使用されるのは、驚きである（あるいは、「死」の意識が薄いからこそ、平気で使えるのかもしれないが……）。実際、自分がこの世に存在しなくなるときのことを考えるのは、何の意味も持たない。せいぜい退屈な感慨を覚える程度のものである。もし、本気で考えると、思わずゾッとする恐怖に襲われるだろう。オーストラリア人の心理学者ラス・ハリスは著書**『幸福になりたいなら幸福になろうとしてはいけない』**（岩下慶一訳、筑摩書房）で、簡単だが強力なパースペクティブシフト（視差効果）の手法を示唆している。

仮にあなたが八〇歳になったとして、次の文章の空白部を埋めてください、というものだ。

「私は、今まで＿＿＿＿で悩むことに時間をかけすぎた」「私は、＿＿＿＿をするために十分な時間がとれなかった」。（すでに八〇歳になっておられる方には、失礼の段お詫び申し上げる）。もちろん、あなただってフリーマン同様にハイチのブードゥー教徒の巡礼に参加しようと考えることができる。ただし、それがあなた自身の決断であれば、の話だが。

第2章

心の扱い方を知る

——幸福度を高める方法

感謝の気持ちの効用

「**習慣は贅沢な喜びを退屈な日常茶飯事に変えてしまう**」と言ったのは、イギリスの小説家オルダス・ハクスリーである。彼がこのような感慨を抱いたのはおそらく、あの高級車「レクサス」の運転席に座っていたときだろう。その六カ月前、ＤＶＤプレーヤー搭載のこの車を買ったときの彼の興奮ぶりは大変なものだった。もっとも、誰だって何かが無性に欲しいと思うのは、それがきっと自分を幸せにしてくれるに違いない、と期待するからだろう。そして多分、それは期待どおりになる。ただし、その感激は例外なく長続きはしないもので、**新しく買った物も次第に当初の輝きを失い、幸せだった気分も失せていって、以前の状態に戻ってしまう**。これは「ヘドニック・トレッドミル（快楽の踏み車）」現象と呼ばれ、誰もがこの罠にひっかかるようである。それは物質的な富に限ったことではない。イギリスの人々の生活は一九五〇年に比べて三倍も豊かになったが、幸福度はほとんど変わっていないのだ。

　このトレッドミル現象から脱出する方法をマイアミ大学の心理学教授が発見したと聞き、私はもっと詳しい情報を得ようと思い立った。マイク・マッカロー教授は言った。「胸がわくわくしますよ。過去に味わった快楽の恩恵を一部でも取り戻そうというのですからね」と。また、あるパーティーの席で自己紹介をした際、自分の研究テーマは「**感謝すること**」である、とも教授は言った。そのとき周囲にいた原子物理学者たちは思わず軽蔑の目を向けたのではないかと推測するが、彼の実験は現実に科学的手法に沿って厳格に行われ、驚くべき成果をあげていたのである。

例えば、定期的に「感謝の日記」を書いている人は書いていない人に比べて、いろいろな特徴を示している。①病気などの身体症状を訴えることが少なく、②周囲の事情に用心深く、③何事にも熱心に取り組み、④すべてに決断力があり、⑤他人への思いやりがあり、⑥エネルギッシュで、⑦良く眠り、⑧目的に向けて積極的に動こうとする、といった傾向があるというのだ。

また、別の面白い実験もある。それは、大学の学生たちに最も感謝している人は誰かと訊ね、その人と一度だけ会う機会をつくって、その結果を報告させるというものだ。学生たちはおおいに前向きに盛り上がり、その影響はとても大きかった、という。時が経つにつれて盛り上がりは徐々に薄れていったが、そのペースは普通よりもゆったりしたものだった。この学生グループをほかの学生グループ（統計学の専門用語では「対照群」と呼ばれ、調査の比較対象となるグループ）と比較してみると、違いは歴然としていて、一カ月経ってもその差を感じることができた、という。

この「感謝の研究」に首を突っ込んでしばらく経った頃、私はふと、自分が岐路に立たされていることに気付いた。時と共に陳腐化していく今の考え方ときっぱり決別するか、あるいは引き続き我慢して受け入れるか、二者択一に迫られているのではないか、と。私の「感謝の日記」は陳腐化の極みに達していたし、かといってこの「感謝の研究」に異論を唱えて投げ出す思い切りもつかなかったからだ。

しかし、この陳腐化した環境から逃げることは、とりもなおさず「ヘドニック・トレッドミル」から脱出することになりはしないか、と思いいたった。マッカロー教授によると、その便法の一つとして、過去を振り返り、当時の周辺事情を客観的に分析して、それを書き留めるという方策がある、という。「ただ、その効果はごく短い時間で終わるかもしれない。しかし、それを習慣化する必要はない」と教授は言う。「私も『感謝の日記』をつけているが、計画的にやっているわけではありません。私は、車の運転席にいようと、どこかほかの場所にいようと、私が感謝している対象がいつでも心に浮かんでくるのです。そこで私は、過去に味わった楽しさのいくつかを忠実に再現しようと懸命に努力するのです」

教授の言うとおりなのだろう。だが、陳腐化の波から逃れるための、もっと効率のいい方法はないのだろうか。例えば、ボランティアなどの慈善活動に身を投じてみるというのは？　いや、しかしこれまでの「感謝の研究」を振り返ると、人間はみんながみんな、心の奥底からすばらしい存在であるとは言い難いところもある。例えば、助けを必要としている人たちをボランティアで援助することで充足感を得たとしても、それは結局自分の優位性を相手の救済に充当しただけのことにはならないだろうか。それを都合よく感謝されているものと思い込んでいるだけではないのか？

私はマッカロー教授に感謝し、時間を割いてくれたことにお礼を言った。その気持ちに嘘や偽りはなかったが、後日、思い返してはたと気付いた。きっと私と同じように、多くの人も教授に対して**感謝の言葉を述べることで、何となく充実したような気持ちになっているではないか**、と。

心配は悪ではない！

「心配するな」と言われて救われた人がこの地球上にいるだろうか？　「心配するな、幸せになれ」というスローガンを唱え始めたのは、インドの神秘主義者メヘル・バーバーだが、一九八八年に歌手ボビー・マクファーリンが無伴奏のアカペラ曲として歌ってから急に全米に広がった。今日では『ジャーヘッド』のような戦争映画でしかこれを聴くことができないが、それは偶然ではない。そうした戦争映画では次々と残酷な戦闘シーンが繰り広げられるが、その印象を和らげるための対照旋律として採用されているからである。つまり、恐怖に怯え、打ちひしがれそうな観客の心を強制的に奮い立たせるための曲なのだ。

　普通なら、突然声をかけて、相手が何をどう感じていようともおかまいなしに無理矢理注意を引こうとすれば、それが非常識で分別のない行為であることは言うまでもない。しかし、これと似たことは実際われわれが日常的に行っていることでもある。例えば、相手に「心配するな！」「元気を出せ！」などと呼びかけるのがその典型である。

　アメリカのポピュラー心理学者で超ベストセラー作家であるウェイン・W・ダイアーは「心配などは無駄な感情」だと言い、なくても済ませることのできる代物だ、としている。しかし、ダイアーの考えはまったく意味のない、間違った意見だと言わざるを得ない。なぜなら、人類の将来がどれほど悪くなろうとも、それに備えて**われわれが万全を期すことができるのも、この「心配する気持ち」があればこそ**なのだから。結局のところダイアーが言いたいのは、「時には心配する気持ちを忘れるのもいいことだ」くらいのことなのだろう。
「私は年をとっているので、たくさんの厄介な問題があることを知っている。だが、そのうち実際に起こったケースはほとんどない」と、『トム・ソーヤの冒険』で知られるマーク・トウェインなら言うだろう。トウェインと同じ考えを持つ現代の自己啓発の作家たちは好んで言う。人間の頭脳は現実のシナリオと、頭の中でいきいきと描かれたシナリオとの違いを見極めることができない――したがって、何か恐ろしい事件を想像し、あたかもそれが実際に起こっているかのように錯覚して、身体的にも情緒的にも激しく反応するのだ、と。

　こうした現象はよく見られるもので、それがまったく正常な反応であることを示唆する実験結果もある。ある患者の幻覚が原因となって、実際には起こっていないトラウマ（心的外傷）障害と同じ症状が引き起こされる可能性があることを示すものだ。例えば、ここに長い間肝臓の病気を患って意識が朦朧としている一人の男がいたとする。彼は病院のスタッフの手で自分の息子が殴り殺されそうだと思い込んで悩んでいる。彼は、（実際には起こっていないが）実際に起こったかのように見えるトラウマ症状に長い間悩まされているのである。

　しかしながら、このように異常なトラウマ症状とは別に、われわれが日常普通に感じている心配事がある。心理学者のエドワード・ハロウェルが「不安や心配の裏に隠された喜び」と呼ぶものである。例えば、「絶えず心配していないと無事ではいられない」と信じている人がいる。「このような人は、心配することは運命とのかけひきの一つで、自分自身を心配事で苦しめている限り、悪運によって罰せられることはないだろう、と思っている」とハロウェルは言う。「もう一方の隠された喜びというのは、**満足感があまりにも淡泊な味であるのに対し、不安や心配はずっと刺激的である**、ということです。『彼女は不安や恐怖の虜になった』とは言っても、『満足感の虜になった』とは言わないでしょう。しかし幸いなことに、心配性の人はほかの誰よりも頭が切れ、独創的でもあります。というのも、不安や心配を心に想起するには、かなりの想像力が必要ですからね」

ハロウェルの書いた処方箋で一番すばらしいのは、「**独りで悩むな**（**心配するな**）」である。私は複雑で神経学的な説明を半ば期待しつつ、その意味するところを訊ねてみた。ハロウェルは答えた。「人間共通の特性ですよ。われわれ人間は独りでいるよりも、誰かと繋がっている方がいいのです。このことは、不安や恐怖だけでなく、人生のあらゆる事項に通じることです。もしあなたが広い部屋の暗闇の中に独りでいたら、きっと怖くなるでしょう。でも、誰かと一緒だったとしたら、声を出して笑い合っているでしょうね」

利他について

先日、現代の心理学に大飛躍をもたらした研究について知る機会があった。それは、社会貢献にかかわる活動は、多額の金品を得たときと同等か、それ以上に効果的に大脳内の同じ個所を刺激する、というものだった。そこで考えたのは、他人に物を与えることも幸福を手に入れる有力なカギになるのではないか、ということだ。

その約三五分後、私は街頭募金をしている一人の男に出くわした。ある人権団体への寄付金を集めているという。しかし私は、その男の態度が気に入らず、思わず殺してやりたいほどの怒りを覚えた。一体、どうしたというのか？　私はそこでやり切れないジレンマを感じた。①そもそも私の脳内配線がおかしくなったのか、②先ほどの心理学の研究結果が私を混乱させたのか、③物を与える行為が幸福をもたらすのは特定の条件下でしか起こらないのか、といったふうに。もっとも、募金を集め損なったこの山羊ひげの男が私を攻撃しようとしているのではないか、などという妄想は抱かなかったが。

アメリカ国立神経疾患脳卒中研究所の研究者たちは、コンピューターでゲームを楽しむ人たちの頭脳の働きをスキャナーで追跡した。このゲームは現金を獲得するか、慈善団体に寄付するかのいずれかの機会をランダムに提供するもので、寄付の場合はプレーヤーがポケットマネーを支払わねばならない仕組みになっていた。この追跡で明らかになったことは、ドーパミンという神経伝達物質（喜びの感情を伝達する物質）の放出を司る脳の部位の働きだった。また、**このドーパミンが最も大量に放出されるのは、被験者が多額のポケットマネーを払わねばならないとき**であることもわかった（ドーパミンと同時にオキシトシンという人間の愛情と密接な関係のある「抱擁ホルモン」も大量に分泌された）。ただし、被験者の中でも、自分の無私無欲行動がほかの人々にもわかっていて、「よくやったね」と背中をポンと叩かれた人には、これらの神経物質やホルモンは発生しなかった。というのは、ポケットマネーの寄付は、本来は純粋に匿名的な性格のものでなければならないからだ。

この一見「利他主義」ともいえる行為がなぜ起こるのか、についてイギリスの生物学者リチャード・ドーキンスは、「われわれの祖先が小さな集落で生活していた頃の名残である」と主張している。「小さな集落だったので、出会う人のほとんどが遺伝子で繋がっており、そうでない人は自分たちの生活を脅かす敵とみなされるような社会だった」という（ちなみに、ドーキンスは独特の高度な知的能力の持ち主で、その能力は論争においておおいに威力を発揮したが、この点をもっと知りたい人はインターネットのオンライン・ビデオを見るといい）。

しかし、ドーキンスの説明だけでは十分といえないだろう。彼は、われわれの寄付行為が人類の遺伝的遺産のためになる場合だけを取り上げ、その歴史的背景を漠然と示しているにすぎないからだ。それは、今われわれが直面している心のジレンマを解消するものではない。具体的に言えば、誰にどのように寄付すればいいのか、という問題だ。主観に基づいて好きなように相手を選んでいいのか？　本当にお金に困っている人を見分けるにはどうすればいいのか？　あの街頭募金をしていた山羊ひげの男に何百ポンドかを寄付するのが最も効率の良い方法ではなかったのか？　あるいは、路上生活者に直接お金を与えるというのはどうか。この方法なら、きっと、心中に何かあたたかい幸福感を覚えることができるだろう。しかし同時に、数あるホームレス対策団体から反対の警告を受けることにもなるはずだ。そうすると、結局のところ、私は不愉快に思う相手を選んで寄付するという、まったく馬鹿げた行為に戻るしかないのだろうか？

そうして考えるほどに、私は自己矛盾の罠に陥っていくのを感じていた。**無私無欲の行為をし**

ようとしながら、同時に私利私欲の最たるものである満足感を求める、という曲芸を演じているような気がしてきたのである。少なくともアメリカの研究者たちなら、私のようにくよくよ考えずに、もっと大きな観点から、「貰うより与える方が幸せになれるよ」とアドバイスするだろう。それならそれでもいい。私は純粋な博愛主義者のふりをしながら、本書の出版にあたってあなたが振り出してくれる善意の小切手を喜んで頂戴することにしよう。

不成功より不作為を悔やむ

一九世紀のコペンハーゲン。この頃盛んに催された晩餐会には、話術に長け、雰囲気を盛り上げるのが上手な客が歓迎されたものだ。そんな晩餐会に、セーレン・キルケゴールが招待される機会は少なかっただろう。

彼はデンマーク生まれの神学者で哲学者でもあったが、絶えずブツブツ不平をこぼすことで知られていた。「結婚したければするがいい。いずれは後悔するだろうがね。結婚などしたくなければそれでもいい。後になって、結婚しなかったことを後悔するだろう」とキルケゴールは書いている。「人生には、いつでも『するか、しないか』の二つの可能性があり、いずれかを選択することができる。私が偽らざる考えを皆さんに友だちとして忠告するならば、『それをしようが、しまいが、いずれにしても後悔することになる』ということだ」。こんなことを平気で言うキルケゴールを晩餐会に招待することこそ、悔やむべきことではないか、と私は思うのだが。それにしても、何という興ざめな奴なんだろう！

しかしながら、彼の言うことにも一理ある。ただ、「後悔する」というよりも、むしろ「後悔することを予測する」と言った方が適切だろう。われわれは、大なり小なり何らかの決断をする際、結局は何をするにせよ、最終的には後悔することになるだろうという恐怖の重荷を感じている。そのため、身体が麻痺してしまったり、訳のわからない行動をとったりすることが少なからずある。

例えば宝くじを買う人は、当選の確率が限りなく小さいことを知っている。しかし、最近のノーサンブリア大学の研究者たちによれば、多くの人はいわゆる「**予測後悔**」**を恐れて宝くじを買い続けている**そうである。いつも同じ番号に賭けている人が、たまたまある週だけ宝くじを買うのを忘れてしまったとして、その週の当たり番号がいつもの数字だったりしたら、その後悔は計り知れないものになるだろう。考えるだけで、ぞっとするではないか。

しかも悪いことに、われわれは将来どういう場合に何をどのように後悔するかについて、そもそも勘違いをしているようだ。何か恐ろしい予感のする機会に遭遇したとき（例えば、職場を辞めねばならないとか、誰かを外へ連れ出さねばならないとか）、これから何をするにしても後悔するのではなかろうかと、習慣的に考えてしまう。

だが真実はその反対で、**後で悔やむのは何をしたかではなく、何もしなかったことの方なのである。**ここで、経済学の一分野である古典的な「（意思）決定理論」を用いて、二人の投資家が感じる後悔がどのようなものか、推測してみよう。一人は、手持ちのA会社の株式を売ってB会社の株式に買い替えなかったために多額の利益を得る機会を逸失したケース。もう一人は、手持ちのB会社の株式を売却してA会社の株式に買い替えたがために多額の利益を喪失したケース。ほとんどの人は、先を見越して株式を買い替えた投資家の方がより大きなショックを受け、後悔しているものと推測するだろう。このことは、一度限りの仮想会社を何社か設けて行った実験でも、そのとおり証明されている。

　しかし、心理学者のニール・ローズは著書『**後悔を好機に変える　イフ・オンリーの心理学**』（村田光二訳、ナカニシヤ出版）の中で、現実にはこれと異なる現象が起こっている、と書いている。「あなたが自分の意思で何らかの行動を起こした場合、その結果が思わしくなかったとしても、その失敗がいつまでもあなたの心を悩ませ続けることはないだろう。あなたは、その失敗を反省し、何らかの言い逃れをし、いつものように行動して、そして忘れてしまうだろう。しかし、何も行動を起こさなかった場合は、そうはいかない。そうなれば、あなたはこれからずっと長い間、自分の不作為を後悔することになるだろう」。なぜなら、不作為は「際限のない広がり」を持っているからだ。「ああしておけば良かった」「こうすることもできた」などと考えると、無限の可能性に自分を見失うことすらある。だから、しようかどうか迷っていることがあるなら、思い切ってやりなさい、と私は言いたい。

　すでに燃えている橋は気にするな、とローズは言う。**一旦決めると元に戻せないような決定は、その結果がどうなったにせよ、あまり後悔しなくてもよい**、というのが彼の非凡な結論である。

人々（正確には、二〇〇五年の調査の対象になったアメリカ人）が最も後悔している分野のリストの最上位に教育と職業訓練が置かれているのだろう。大学に戻って勉強したり、職業を変えたりすることはそんなに難しいことではないからだ。次いで高位にランクされているのが家庭と財政事情である。年をとってから子どもを持とうとか、大金持ちになろうなどと考えることは多少難しいとはいえできないことではない。

ローズは言う。「しかし、もしあなたが本当に後悔しているなら、その後悔を根こそぎ解消しようなどと考えないことだ。**多少の穏健な後悔は、われわれが将来の選択肢をより豊かにする英知のためにとっておくといい。**それら英知を具体化するという精神的目的の達成に役立つからである」。『Non, je ne regrette rien（私は後悔しない）』を歌うシャンソン歌手のエディット・ピアフや、『No Regrets（悔いはない）』を歌うポップシンガーのロビー・ウィリアムスには申し訳ないが、「決して後悔などしない」という言葉は浅はかさの象徴にほかならない。

笑いで人生を彩る

神経科学者のロバート・プロバインは、「笑い」に関する研究ではおそらく世界一の科学者だろう。数年前、彼とその研究者仲間はわれわれを大笑いさせるものが何であるか、その正体を見つける研究にとりかかった。あらゆる種類の交流会を何千回となく催し、「誰が何を言ったとき、どういう理由で誰が笑ったか」についてのモニタリングを繰り返し行った。さぁて、その結果はどうだったか？　これから私の話すことを聞いたら、あなたは抱腹絶倒するだろうから、覚悟しておくように……と言いたいところだが、残念ながら、笑いを引き出すセリフなどどれもこれも陳腐極まりないものばかりなのだ。

例えば「私にはわかっています」「それでは、皆さん。後ほどお会いしましょう」「あなたが言いたいことはわかりました」「お会いできてよかったです」（そこで、役者は涙を拭き、深呼吸をし、そして話を続ける）。後日、プロバインは著書『Laughter: A Scientific Investigation（笑い――その科学的研究）』に書いている。「笑う前に交わす会話のほとんどは、才能のない作家が書いた終わりのない連続ホームコメディーと同じだ」と。

引き合いに出された才能のない作家たちにとっては聞き捨てならない話だろうが、われわれが気にすることではない。私たちは、おそらく、つねにより多くの笑いを求めている。「お笑い療法士」の一人キャロル・フォーセットによると、**現代人が笑いに割いている時間は一九三〇年代の人たちの三分の一にすぎない**そうだ。それに、一般に言われているように（科学的根拠は乏しいが）、大人は子どもの頃に比べて笑う機会がうんと少なくなっている、という。

それにしても、ユーモアのある人は本やテレビを探してもなかなか見つからない。プロバインの研究によると、笑いとユーモアの関係はそれほど密接ではないようだ。「笑いはユーモアが生まれるよりも前から存在していたのだよ」とプロバインは私に言い、チンパンジーが笑う真似をしてくれた。そのときの強烈な印象は、私の筆力ではとても説明できるものでない。いわく、

「八方破れのお祭り騒ぎの中で執り行われる一種の儀式のようなもので、霊長類が全精力で仲間と交流しようとするときに発する音」だそうだ。それは何か面白いことに対する反応ではなく、相互に結合しようとする本能的衝動の表現なのだという。こうしてみると、確かにプロバインが言うように、**「笑いの主成分は相手となる人物であって、彼の話す面白おかしいジョークではない」**のかもしれない。

それが最も顕著になるのは、男女関係においてである。プロバインが何千もの紙上個人広告を分析した結果、一般に女性はユーモアのセンスのある男性を分不相応に求め、男性はユーモアのセンスを分不相応に持っていると自称する傾向にあることがわかった。しかし、実際のところ、誰もユーモアのことなど気にしていないことは、プロバイン自身が認めるところでもある。**女性が求めるのは、自分たちを笑わせてくれる男性であり、男性が求めるのは、自分の話を聞いて笑ってくれる女性である。**異性関係の緊密さを診断するには、あなたの相手がどれだけ頻繁に笑うか、注意深く観察してみるのが一番手っ取り早いだろう。

笑いをこのような視点で見ることは、笑いを健康促進剤とする考え方に疑問を呈することでもある。「笑いはあなたの健康への道」と主張する急進的なアメリカ人医師パッチ・アダムスの唱えるように、確かに、よく笑う人はほかの人より健康に見え、病気からの回復も早いようであるが、本当の理由は笑いそのものではなく、あなたを笑わせてくれる人たちと親しく接している時間が長いことにある。

「もしあなたがもっとたくさん笑いたいなら、遠慮なく笑うことができる場所へ行きなさい」とプロバインは言う。「何も落語や漫才の寄席へ行きなさい、ということではなく、あなたの気の許せるお友だちと長い時間過ごすだけでいいのです」と。そう、でも、それだけでいいのだろうか、と私は考えてみる。

プロバインはため息をついてちょっぴり悲観的なことを言い足すのだった。「残念ながら、笑いながら幸福そうに見える人たちの平均寿命はほかの人たちより少し短いのです。でも、それは多分、彼らの楽観的な考えが比較的リスクの高い行動をとらせるからでしょうが、ね」と。「正直言って、私は皆さんに悲観的なことばかり述べる意地の悪い講師と思われたくないのですよ。結局、笑いは私たちの気分を良くします。そして笑いが多いと、人生も楽しくなります。それで、十分ではありませんか？」

日記を書けば人生が変わる？

元英国首相のトニー・ブレアは、かつての政権時代を振り返るインタビューで「残念なことに、私は日記を書く習慣を身に付けていなかった」と語ったことがある。推測するに、彼がイメージしていた日記とは、後日重厚な装丁を施して出版するための日誌とか、あるいは単に昔の記憶を想い起こすための記録としてのものだったのだろう。これは、今日流行りの自己啓発本が推奨している日記類とはまったく相いれないものだ。日記の有用性を説いたその種の本では、いずれも日記の内容に内省的・自省的なものを求めており、どうやら政治家の先生方には不向きなようである。

その手の本がこれだけあふれているとなれば、このイギリスで日記オタクを探し出すのはそんなに難しいことではないだろう。もっとも、彼らが相当な自己陶酔に浸っているだろうことは覚悟しなければならないが。しかし、テキサス大学で実験心理学を教えている世界一流の科学者ジャミー・ペンネベイカー教授もこの点についてははっきり認めるところでもある。「書くこととその情緒上の恩恵」についての研究で有名な彼はこう言っている。「そう、そのとおりです。誰だって（日記を書くことによって）例外なく自己陶酔できるのですよ。日記をよくつけている人ほど同じ話を何度も繰り返し語る傾向がありますね」と。

何か一つのことに焦点を絞って書くことでさらに気分が高揚する、というのは実証済みのことではあるが、あらためて驚嘆に値する事実でもある。ペンネベイカー教授の研究によると、あるトラウマ（心的外傷）を経験した人たちにそのときの経験を綴るよう依頼し、一日に一五分かけて四日間続けてもらった結果、彼らの日常生活がほかの人たちよりも大きく改善された、という。また別の実験によると、小さな同一の傷を数名の患者の皮膚に付け、彼らのうちの何人かにそのとき受けたストレス体験について、一日一五分かけて数日間書いてもらい、超音波で傷をモニターしたところ、ストレス体験について日記を書いた患者の傷の回復が、そうでない患者よりも早かったという。

さらに不思議なことだが、日記をつけている人たちは、数日も経たないうちに、自分たちの文章が感情に訴えるだけのものから思慮に富んだ内容に変わっていることに気付くのである。頻繁に使った「私」という言葉が「私たち」に置き換えられていくというのだ。こうしてみると、**書くという作業はカタルシス（精神の浄化）として働くだけでなく、問題を客観的にとらえ、自己陶酔から覚めて、具体的解決を目指せるようになる**という現実的な効用も大きいものなのだとわかる。ただし、これは「問題を他人と共有することで負担を分担する」というやり方とは違う。このやり方が効果を持つためには、あなたが**何を書こうとその内容を誰にも見せる必要がない**、という点が重要になるのだ。

ペンネベイカー教授は数年前を想い起こしながら話してくれた。「当時、私と妻は結婚生活のピンチを迎えていました。あらゆる種類の醜い葛藤の真っただ中にいたのです。そこで私はとにかく椅子に座り、執筆にとりかかったのです。すると書き始めてから一日も経たないうちに、すべての問題がはっきり見えてきました。そこで、私はそれまで書いたものをすべて破棄したのです。なぜなら、それらを妻に見られたら元も子もなくなってしまうからです」。なお、彼らの結婚生活は今も平穏に続いている。

子どもを持てば人生は楽しくなるか？

私にはまだ子どもがいない。もし、あなたにも子どもがいないなら、子どものある友人たちに、ちょっぴりいたずらをしてみよう。彼らは、生まれたばかりの幼児を愛情のこもった目で見つめ、よちよち歩きの子どもをベッドに寝かしつけ、あるいは二一歳に成長した子どもの大学卒業式の姿を誇らしげに眺めることだろう。

そんなときを見計らって、そっと後ろに忍び寄り、『Journal of Marriage and Family（結婚と家庭のジャーナル）』の第六五巻三号のコピーをドサッと置いて、大声で言ってやればいい。「ハハハ！　親になって人生が変わったとでも思っているのだろうが、この統計資料をよく読んでみろよ。平均的な人は、以前の方が幸せだったと感じているようだぜ」。そう言って、カッカッと高笑いをしながら立ち去るといい。彼らは二度とあなたに話しかけようとしないだろう。でも、構うことはない。あなたは最終的にはこの議論に勝つはずだから。「科学」という手段を使ってね。

数々の研究が実際に示唆していることだが、「子ども（を持つこと）は人々の生活に喜びをもたらさない」という。これはヨーク大学のニック・ポータヴィーがイギリスの心理学界の基幹月刊誌『ザ・サイコロジスト』に載せた研究論文の概論で述べていることである。**ほとんどの人にとって、親であることは満足感を味わう要因とはならず、むしろ満足感を減少させている**、という。このことは、直観ではなかなか理解しにくいことで、常識で考えても、調査の仕方に何か欠陥があるのではないかと疑いたくなるほどだ。だが、この調査には、人生の幸福度について、何千という人たちに何年にもわたり繰り返し質問を重ねてきた結果が反映されており、調査方法の欠陥を指摘する余地はほとんどない。確かに、最近の記憶を思い起こすのが苦手な人や、中には嘘をつく人もいるだろう。しかし、それらが調査結果を大きく歪める理由になるとは考えにくい。

この研究結果に対する一般の人々の拒否反応は大きい。「子どもを持つと楽しみが減るなんて、とんでもない考えだ。親になることこそが幸せな人生を送る条件なのに！」と反発される。しかし、その考え方の背景にはあの悪名高い「焦点を絞ることの錯覚」という心理現象が見られる、とポータヴィーは論じる。子どもが生まれるという目前の変化に注意が集中し、ほかのことを過小評価してしまうのだ。例えば、貯金をして将来のどかな生活を送りたいと憧れていても、一度お金を儲けると、さらに儲けることに夢中になってしまうのと同じだという。

この「子どもは幸福をもたらす」という考え方を支持する理論として、ハーバード大学の社会心理学者ダニエル・ギルバートの言う「すぐれた遺伝性自己複製子論」がある。つまり、人間は死んでもそれぞれの優れた遺伝子を持つ自分の複製を本能的に残そうとする、というものだ。もしこれがなかったら人間社会の文明の進化もあり得なかったわけで、これに異論を唱える人はあえて子どもを作ろうとせず、その結果、自分たちの考えを子孫に伝える機会も失う、ということになる。

私にとって何よりも興味があるのは、親になることに喜びを感じているという人が果たしてどれくらいいるのかということだ。ポータヴィーの調査結果はショッキングな問題を提起しているが、よく考えてみると、**「充実感」と「満足感」とはそもそも同じ概念と呼べるのか**、という疑問が湧いてくる。**「充実感」が明らかに「楽しみ」と違う**ことはわれわれのよく知るところであり、育児のような価値のある仕事が四六時中楽しいばかりのものでないというのはわかりきったことである。

ところがポータヴィーは、この点については調査していない。彼が調査したのは、親となった人々が人生に満足しているかという点のみであって、子育てに伴う充実感については考慮されていないのだ。仮にあなたが、親になってからは以前ほど幸せを感じなくなったと回答したとする。しかし、同時に誰かがあなたに、親であることに充実感を覚えているかと質問したら、あなたはいきいきと自信たっぷりに「イエス」と答えるかもしれない。どっちの答えの方が「真理っぽい」のか？　私は頭が混乱して、わからなくなってしまった。こうなると答えを知る方法は一つしか残されていないのかもしれない。そう、私自身が結婚して子どもをつくる、という方法しか……。《訳注：二〇二二年刊行の著書『限りある時間の使い方』（高橋璃子訳、かんき出版）の中で、バークマンは自身が子どもを持ったことを書いている》

何に注意を払って生きるか

時間はしばしば知らないうちに通り過ぎてゆく。私がいつも好んで引き合いに出す、バカバカしい心理学実験がある。他愛ないものだが、そこには何か訴えるものがあるので、少しその話をしよう。ある大学のキャンパスで一人の研究者が通行人を呼びとめていろいろと質問をしていた。情報のやりとりが半分ほど済んだところで、職人風の二人の男が扉を持ってきて研究者たちの間に割り込んでくる。職人たちが去って行った頃には、その研究者は別の人物に入れ替わっていた。

しかし、実験後の被験者へのインタビューでは、そのことに気付いた者はいなかった。

この実験は、絶えず変化する環境の中、いろいろな人に出会って情報を得ようとするものの、**絶えず気をそらされて何一つ成果をあげることができない**という、現代人の実情を象徴するもののように思える。この注意散漫の原因は、例えば多すぎるEメールであり、多すぎる携帯電話の着信であり、またわれわれの日常生活の背景を容赦なく映し出す俗悪なテレビ番組などである。これは何も現代人に限ったことではなく、一九一〇年代の人々も同じ問題を抱えていたようだ。当時人気の高かった作家アーノルド・ベネットは『**自分の時間**』（渡部昇一訳、三笠書房）にその様子を異様な筆致で描いたが、同書の内容は時空をこえて今日でも通用するものだ。一読に値する。

ベネットの作品の読者は当時の新興階級で、郊外に住み、毎日都心へ通勤するいわゆるホワイトカラー族だった。彼らは、産業革命後初めてやりがいのある仕事を約束された立場だったが、実際には順風満帆とはいかず、いつの間にか「年月だけが過ぎていく」感覚を味わわされつつあった。

「**無理して仕事を好きになる必要はない。だが、好きになれなくても、それが自分の人生だと思ってはいけない**」と禁欲的なベネットは言う。「典型的な通勤族の男性は、午前一〇時から午後六時までを人生にとって意味のある『・日』とみなすことにこだわり、残りの時間を無用な端数と考えている。一日の仕事を終えて会社を後にする人々の顔には、家路をたどる時間と共に疲労の色がにじみ出してくる。人々の帰りを待つ巨大な郊外の空は、貞淑でうっとうしい雲が疲れた表情でずっしりと重くのしかかるのだ」

仕事以外に責任を感じさせるものはベネットにはあまりなく、子どもを育てる親としての役割について、彼が作中で触れることもなかった。家事や料理は召使の仕事だったからだ。とはいえ彼の主張にはその後数十年を経た現在にいたるまで人々の心に響くものがある。「仕事以外の物事に注意を集中する能力を養いなさい。人生の大切な時間をボーッとやり過ごしてしまうことのないように」というものだ。彼の本には、一週間に何時間かを割いて、音楽や歴史などを学ぶためのテクニックが満載されている。

しかし、彼が言いたかったのは、**何に注意を払うのか、ということではなく、注意を集中するという行為そのものの重要性**だった。「『注意力』といった精神的能力は腕や足など肉体的能力のように疲労することがない。**注意力が必要とするのは、適度な「変化」であって「休息」ではない**のだ（ただし、睡眠を除いて）」。誤解のないよう言い添えると、一分一秒を惜しんでやたらとさまざまなことを詰め込む努力をしろ、という意味ではない。

また、ベネットの見識は、薬などで意識を朦朧とさせるのは疲労の原因となり、リラックスさせるものではない、とも指摘している。いいかげんな気持ちで焦点の集中しない状態が続くと体力がどんどん消耗していく。彼は現代のわれわれがリラックスするつもりで何をしているのか——あるいは中途半端にしかしていないのか——を知らない。実際にはリラックスどころか、疲れを悪化させるばかりのテレビやインターネットの存在など知る由《よし》もないのだ。だが、もし彼が生きていたとして、果たしてそれらのファンになっていただろうか？

自然が人の心を癒してくれる理由

一九世紀の哲学者ヘンリー・デイヴィッド・ソローは、マサチューセッツ州のウォールデン池畔で約二年間自給自足の生活を送り『**森の生活　ウォールデン**』（飯田実訳、岩波書店）を著した。彼は「私が森へ行ったのは、そこで沈思熟考の生活を送りたかったからだ。人生の本質にかかわることだけを直視し、それがわれわれに何を教えようとしているのか、知りたかったのだ」と書いているが、残念なことに、この作品の価値は多少割り引いて評価しなければならない。なぜなら、実際に行ってみればわかることだが、ウォールデンは最寄りの町から少しハイキングするだけで行けるところにあり、彼には家事などの世話をしてくれる随行者がいたというのだ（もっとも、そのようなことは一言も書かれていないが）。さらには、彼には別途個人的な収入があったこともわかっている。にもかかわらず、この作品には、自然の中で時を過ごすことによって得られる貴重な何か、人生にとって基本的で変革力のある何かが書かれていることは間違いない。

それにしても自然というものは、どうして人の気持ちに良い影響をもたらすのだろうか？　何年にもわたって心理学者の頭を悩ませてきた疑問が、ここで再浮上してくる。

「自然の効果」を哲学的に研究している人たちは言うだろう。「自然は人の心に畏敬の念を起こさせる……自然環境に身近に触れている人はスピリチュアルな自然とその永遠のプロセスに思いを馳せるようになる」。実際、何年かにわたって行われた世論調査によると、八二パーセントの人が「自然の美しさに深く感動した経験」を持ち、四五パーセントの人が「自然の舞台で強烈にスピリチュアルな体験」をしたと報告している。

これらは驚くべき数字である。産業革命以来、毎日くたくたになるまで働き、感情を顧みる機会すら失くしたと思われているわれわれにとって、信じられない数字だ。確かに、自然と直接触れ合うとき、人は自分の身体を突き抜けるような衝撃を覚えるものだ。私もつい最近訪れたスコットランド北方のスカイ島で、そんな経験をしたばかりだ。晩秋のとある午後、いきなり目の前に現れた鹿の一群に私がどんな気持ちになったか、その場に行ったことのないあなたにも想像してもらえると思う。

しかし、なぜ？　この誰もが体験する普遍的な体内反応については、その理由の一つとして「コントロール」を挙げることができる。**われわれは、予想以上に積極的に強い力で物事をコントロールしていると信じる一方で、反対に自分たちには何の力もないと思い込んでしまう**という、相反する思いの間をさまよいながら人生を送っている。ちなみに、前者のように信じることはストレスをつのらせる原因にほかならない。逆に、自分の将来や他人の行動をコントロールする力が自分にはほとんどないことを悟ったら、それほどストレスを感じなくなるだろう。しかし、ポジティブ心理学の権威マーティン・セリグマンが実証しているように、この考えには絶望感に繋がりかねないという面もある（彼はこれを「学習性無力感」と呼んでいる）。

自然は、この生まれつきの振り子をリセットして、現実に即したバランスに保ってくれる。一方では、自然の景色を眺めるだけで、自分たちがいかに小さくて非力な存在であるかを悟られるが、他方、直接自然に触れることにより、たとえ二マイル散策するだけでも、しっかりとした自立心を持ち、責任を持って自分の行動をコントロールしなければならないことも悟る。道に迷わないように、崖から落ちないように、自分のコントロールできる範囲で責任をもって行動しなければならない。自然のミニチュア版である机の鉢植えにしても、あなたがコントロールできる範囲で丁寧に世話をしなければならない（それでも枯れてしまったときは、あなたのコントロール外であるが）。

このように、自分の現実のコントロール能力をほかの資質と合わせ持つセンスを「したたかさ」と心理学者は呼ぶ。正に理想的な精神状態ではないか。このための処方箋が、山や湖沼や海で長時間過ごすことであれば、このような治療法を拒む者がいるだろうか？

小さいことにくよくよするな（小さくなくても同じだが）

リチャード・カールソンの書いた『**小さいことにくよくよするな！**』（小沢瑞穂訳、サンマーク出版）シリーズに注目してみよう。カールソンは二〇〇六年に四五歳で亡くなるまでに、約二〇冊の派生本を出している。カールソンの基本的な考えは、ストレスとは皮肉なものである、というものだ。本当に大きなストレスを感じたとき人間は自分の内心の強い力を信じて動じないが、小さなことについてはいつも腹を立てているからだ、という。親友や身近な人との死別など、あるいは病気や離婚などの場合、人はそれらから逃げられないことを心の奥底で感じ取っているのだろう。

カールソンが言おうとしているのは、何も複雑なことではない。「完璧な人なんて、つまらない」「植物をかわいがる」「正しさより思いやりを選ぶ」「たまにはぼんやりしてもいい……（もし、あなたが）たとえ一時間でもぼんやりする時間をつくってみると、退屈な気分はゆったりした気分に変わっていくという」といったもので、カールソンは自分の考えが目新しいなどとは主張しない。彼の考えの中心を占めるのは「つつましさ」だからだ。われわれが彼に期待しているのは、幸福になるために提供される目新しい情報などではなく、人生全体を見渡す大局観なのである。

どうすれば物事がもっとはかどるのか、どうすればもっと気分が楽になるのか、どうすれば心の友を見つけることができるのか、などのアドバイスはもちろんありがたいことだが、**それらの目標にこだわりすぎるとストレスを溜める原因になる。そんなときは、思い切ってみんな忘れてしまうのも一つの方法である。**それらを気にしなくてもやっていけるし、**数週間後になってみればどれもこれもが馬鹿げていたように思えてくるものだ。**いずれにせよ、このような思い切った考え方は、読者の思考の枠を打ち破り、著者の考えに心から共鳴させられるものである。これはなにも良質な自己啓発本を読むことに限らず、旅行に出たり、問題点を書き出すことによっても得ることができるものだ。いずれの場合も、自分自身を第三者の立場に置いて見直すことができる行為だからだ。

　カールソンも認めているように、すべてが小さなことばかりではない。しかし、すべてを見渡す大局的見地に立てば、いかに大きな事件であっても何とか取扱い可能なものに見えるものである。課題は、目先の感覚にとらわれるのではなく、**永遠の快楽の源を求める心を、現在の固定された地点からいかにして見晴らしの良い地点へ移すか**である。

発散か共有か――怒りや悩みの処理法

　私は、些細なことにすぐカッとなる短気な性格だ。例えば、列車の切符代が高いとか、初めての道路を歩いていて突然工事現場にぶつかったりしたとき、無性に腹を立ててしまう。だが、こうした短気な性格が実際には功を奏しているものと、勝手に思い込んでいる面もある。結局のところ、短気なおかげで、子どもの頃に両親や周囲の社会から受けた仕打ちも、その都度怒ってはすぐに忘れてしまうので、根深い破壊的な怒りを持ち続けなくて済んだのだと思っている。そんな私でも思わず拳を握りしめることがある。

　こんな場合、人はどのように対処すればいいのだろうか。自己啓発本の作者なら、何か無害な方法で怒りを発散させるべきだというだろう。自己啓発の大家で「怒り」に関する心理療養士でもあるジョン・リーは『Facing the Fire（怒りに直面して）』で次のように言っている。「ベッドやソファの枕――あるいはボクシングのトレーニング用サンドバッグに怒りをこめてパンチを叩き込むことだね。もし、誰か特定の者に腹を立てているのなら、枕やサンドバッグをそいつの顔に見立てればいい。そうすることで、それまで体内でモヤモヤしていた有毒な怒りや憎しみの感情を浄化し、あなた自身に苦痛を与えるのをストップさせることができる」と。

　これは「カタルシスの仮説」といわれるもので、**怒りなどは心の中に溜めておくより外部へ解放する方が良い**という考え方である。この仮説は、ポピュラー心理学の世界では信仰箇条（信条）の地位を得ており、「怒り」だけでなく「不安や心配などの悩み」にも適用されているようだ。また「問題を共有することでその負担を分担する」という考えの基礎にもなっている。しかし現在では、この仮説そのものに問題があることがわかってきた。

　感情について語るとき、よく比喩に使われるのが圧力鍋やコルク付きボトルである。感情の起伏を、密閉された容器の中の水圧に例えているというわけだ。怒りの研究家ブラッド・ブッシュマンは言う。「もし、内部の怒りを外部に放出することなく、ボトルの中に封じ込めておこうとすると、積もり積もった激怒が最後に大爆発を起こすことになるだろう」

　だがブッシュマンの実験によると、**途中で換気を行うと事態がさらに悪化した**という。ほかの実験も同様の結果を示している。ある研究では、何人かの侮辱を受けた被験者たちに数分間、木材に釘を打ち込ませた後、彼らに再度侮辱した人の批判をさせたところ、釘を打ち込む前よりもさらに激しい反感を示したそうである。どうやら、釘を打ち込む作業は被験者に生理的な快感を与えたかもしれないが、彼らの心の根底にある怒りはかえってかき立てられたようである。そこでブッシュマンは、枕にパンチを打ち込むよりも、怒りとは両立しないこと、例えば読書や音楽鑑賞などを勧めるのである。それらは怒りの原因を解消するわけではないが、あなたの怒りを静めるための枠組みを整えてくれるのである。

同様の結果が、最近行われた十代の少女を対象にした調査にも現れている。彼女らの愚痴を聞いていると、強迫観念に取り憑かれたように語ることによって否定的な情動が増幅されていることがわかる。つまり、**問題を共有することは必ずしも負担を分担することにはならない**のである。かといって、問題をボトルの中に封じ込めるべきだと言っているのではない。むしろ話し合うことが問題解決に重要なのは明らかである。

結局のところ、われわれ人間の怒りや悩みは、単にボトルの中に封じ込めるとか、外へ発散させるとかといった方法では解決できない複雑なものである、と理解しておくほかはないのかもしれない。

笑顔の効力

もちろん本気で勧める気などないが、もしあなたが近いうちに銀行強盗でもしようと考えているなら、今から私が話すことをよく聞いておくといい。思いもよらないことで、とても参考になるはずだから。

言うまでもなく、銀行強盗をするにあたっては、事前に最善の準備をしなければならない。特に、現場で予期しない驚《サプライズ》きに遭遇しても動じることなく、臨機応変に対処できるよう万全の心構えをする必要がある（「銀行強盗の魅力は、その予測不能性、つまり何が起こるか誰にもわからない点にある」などとうそぶく銀行強盗など一人もいないはずだ）。銀行強盗が想定する「予期しない驚《サプライズ》き」とは、突然警官が現れたり、客の誰かが機転を利かせて彼らに立ち向かってきたりすることだが、この裏をかいてＦＢＩが考えだした革新的な方法にまでは思いいたらないだろう。それは「セーフキャッチ・システム」といい、銀行員が銀行強盗に対して笑顔で対応できるよう日頃から訓練しておく、というものだ。これは、本当に銀行強盗を驚かせるやり方なのである。

「あなたが普通のお客様なら、銀行員の笑顔を見て『この人は今まで会った人の中でも最高に好意的な人だな』と思うでしょうが、もしあなたが悪人だったらものすごく恐怖を感じるでしょう」と、ある銀行の執行役員がＡＰ通信に語ったことがある。この作戦が功を奏して、銀行強盗事件は毎年減少してきている。盗人は日頃から顔や名前を他人の目から隠すように努めているが、銀行員の笑顔は彼らの気持ちに風穴を開け、彼らが何としても避けたいと思っている正真正銘の人間関係を創り上げてしまうのだ。

言うまでもなく、高度に緊張したストレス状況の中で銀行員が無理に創りだす笑顔が偽物であることが、いずればれてしまうのは避けられない。だが、それは事態の効果を台無しにするものではない。心理学者のリチャード・ワイズマンが、人間の嘘とごまかしのジェスチャー表現を研究する中で明らかにしたように、**人は目の筋肉が動く「本当の笑い」と口先だけの「偽の笑い」**

を見分けるのが極めて苦手なのである。ほかにも、研究者たちが確認している奇妙な現象がある。それは、人間の心情の動きに関するもので、「**偽の笑いはわれわれ自身をもだます**」というものだ。

ある研究室で、被験者に手を使わずにペンを持たせるという実験が行われた。ペンの持ち方にはいろいろあったが、一つは上下の歯でペンを噛む方法だった。これだと、無意識のうちに笑いの表情になる。もう一つは、上下の唇で挟む方法。これだと、しかめ面になった。実験後、被験者に質問をしたところ、彼らのうち歯でペンをくわえた人々は、意図的にそうしていることを打ち明けたというのだ。

もちろん、この実験を自分一人で行うこともできる。何度か深呼吸して、今どんな気分であるかを感じ取りなさい。そして唇を引っ張って大げさな笑い顔を作りなさい。そして三秒から四秒そのままの表情でいなさい。あなたの気分が高揚してくるのがわかるでしょう。その代わりに、バスの隣席に座っている人の様子が落ち着かなくなっていくのにも気が付くでしょう。

おそらく彼（あるいは彼女）は、自分がなぜこんなニタニタ笑いの変人の隣に座るハメになったのかと、気まずく思っているに違いない。

ストレスをかわすには

「ストレス」という用語が最初に使われたのは一九三六年のこと。考え出したのはハンガリー系カナダ人の生物学者ハンス・セリエという人物で、「変化を求める外部からの刺激に対する不特定の体内反応」を指すものと定義された。ストレスいっぱいの現代人の生活をセリエのせいにするのはいささか酷だが、「蔓延するストレス」に関する記事が世の中にはびこっている現実には生みの親として責任をとってもらいたいところだ（ストレスについての文章を読むこと自体がストレスを増幅させる、ということにそろそろお気付きだろうか）。

ただし、セリエは晩年になって「ストレス」という表現を撤回している。自分の英語力が貧弱だったことを認め、「ストレス」という語を使う気はなかった、と言っているのだ。彼が言いたかったのは、むしろ「緊張」という語に近いニュアンスだったという。

両者の意味の違いは重大である。われわれの通常の会話でも、また物理学者の間でもそうだが、「ストレス」というと外部から加わる圧力を想像するだろう。要因が何であれ、圧力が外部からかけられるということに問題があると思ってしまうのだ。しかし、セリエが問題にしたかったのは、より正確には「緊張」とでもいうべきもので、**外部圧力そのものではなく、心身がそれに対してどのように反応するのか**、という点だったのである。

ストレスを単に純粋な外部作用と解釈すると、確かに楽な気分になる。自分のコントロールが及ばないものだから、結果がどうなっても自分には責任がない、と考えるからだ。しかしそれと同時に、ストレスを減らすには、ストレスの外部作用そのものを避けること以外にないこともはっきりしてくる。

そこですぐに目に付くのが、一見ストレスの減少を約束するような生活スタイルへのお誘いである。例えば、最高に幸せな休暇を楽しんだり、ストレスの少ない田舎生活を選んだりすることなどがそうだ。だが、もしあなたが自分の心にネガティブな反応（緊張感）を引き起こす外部ストレスから逃れる方法としてそんな選択肢しかないと考えているなら、**思い切ってストレスそのものを正面から受け止め、その本質に切り込んでみる方が賢明**ではないだろうか。

この問題提起は、心理学者のいう「レジリエンス（精神的回復力）」、つまり、人がとても耐えられないと思うようなストレスの中でもうまくやっていける特質について研究を始める出発点となったものだ。アメリカ人ジャーナリストであり作家でもあるアマンダ・リプリーはその著作『**生き残る判断　生き残れない行動**』（岡真知子訳、光文社）で自然災害やテロに遭遇したときに誰が生き残り、誰が生き残れないか、について観察している。それによると、各人の運命は各人の考え方によって大きく左右される、という。生存者たちは周囲の状況をある程度コントロールする能力を持っていると自ら信じており、また厳しい経験であってもそれがいかに成長に繋がるかがわかっている人たちである。特に、**自分の力量を過大に評価しがちな自信過剰な人ほど、生き残る確率が高い**と結論づけている。

考え方を変えるのは至難のわざである。しかし、実際のところストレスの根源が「考え方を変えること」自体にあるのだと気付ければ、幸先のいいスタートを切ることができるだろう。もちろん、常軌を逸した人間関係や環境に対し、自分の意思を曲げてまで耐えることの是非を論じているのではない。むしろ、**考え方を固定化せず、自在に変えることによっていろいろな選択肢が**

生まれる、という話をしているのである。そうすることで、ストレスの下に打ちひしがれるのではなく、またストレスの要因から逃げるのでもない、新たな道が開けてくるのだ。そしてそれはチベット仏教の尼僧、ペマ・チョドロンの説く「あるがままを受け入れる修行」の実践にもなるだろう。

人生の感動は期待して得られるものではない

作家で哲学者でもあるロバート・パーシグの小説『**禅とオートバイ修理技術　価値の探求**』（五十嵐美克・兒玉光弘訳、めるくまーる）に主人公が長男と一緒に国内をオートバイで旅行し、途中、オレゴン州のクレーターレイク湖畔に立ち寄るシーンがある。そこは、周囲が切り立った断崖で囲まれ、中央に青く輝く水を湛えた湖のあるすばらしい景観地である。アメリカ国立公園局が「計り知れない美を湛えた場所」と称しているだけのことはある。だが、主人公の心には、何の感慨も起こらなかった。彼が見たクレーターレイクは、写真と変わらない客観的な存在としか映らなかったのだ。周囲の観光客はどうかと見わたしたが、やはり同じように誰もが冷ややかな様子だった……。このように、何か特別なものを見つけ、**期待に胸を膨らませるものの、いざ注意を集中すると、求めていた感動が幻のように消え去ってしまう**、という経験は誰にでもあるものだろう。

幸福や驚嘆や愛情などのポジティブな感情は取り扱いが厄介である。いざ、それらを体感しようとして自分自身に圧力をかけると、たちまち感じられなくなってしまう。この圧力が他人からのものだとさらに性質が悪い。職場を楽しくしようと努力している会社経営者に対し、従業員が強い嫌悪感を覚える理由もここにある。有名になったビジネス書に、スティーヴン・C・ランディンが書いた**『フィッシュ！　鮮度１００％ぴちぴちオフィスのつくり方』**（ハリー・ポール、ジョン・クリステンセン共著、相原真理子訳、早川書房）というのがある。シアトルの魚市場で働いている意気軒昂なセールスマンたちをモデルにしたものだそうだ。彼らの魚の取引は、互いに空中に魚を投げ合うことで成立するそうである。アメリカの大手企業数社がこの「フィッシュ哲学」を採用し、適切な就労態度の従業員には「フィッシュカード」を配って、最優秀成績者には「ピート」と呼ばれるスズキの形をしたぬいぐるみを褒賞として与える、という。これらの方法は「職場を楽しくする」ことにこだわる経営者たちの無神経さを表す以外の何ものでもないだろう。

　このように、経営者が従業員へトップダウンで「楽しい気分」を誘導しようとする試みは必ず失敗する。会社に限らず、あなたが理性的な判断で自らに課そうとする場合であっても、それは同じだ。真の幸福とは強制されるものではなく、心の中に自由に芽生えるものであって、**われわれは幸福が生まれるための環境を整えることはできても、それを強制することはできない**のだから。それに用心しないと、ダブルバインド（二重拘束）と呼ばれる心理学上の罠に陥る可能性もある。つまり、哲学者アラン・ワッツの言葉を借りると「自主的にすることで価値が認められるような行為を自主的にするように上司から言外に求められること」となるからだ。

強制的にあてがわれた幸福は幸福ではない。たとえあなたに幸福を強制する者があなた自身であってもだ。「さあ、リラックスした時間を持とう」と難しい顔で決心して休暇をとった経験のある人なら、よくわかるはずだ。自分自身をリラックスさせようと決心することは、決して自分をリラックスさせることにならない。言うなれば本のタイトルに感嘆符を付けるようなもので、それによって必ずしも内容が面白くなるというものではないのだ（例外はいくつかあるが）。

誰しもが気分に左右される

イギリス心理学協会（BPS）が、何人かの世界一流の心理学者に対して次のような、どちらかというと個人的な質問をしたことがある。「皆さんは人々の心理を理解するプロとして多くの時間を費やしてきているが、自分自身について理解できずに悩んでいる点があればそれを一つ挙げてほしい」と。回答者の一人、ミシガン大学の社会心理学教授ノルベルト・シュヴァルツ博士が挙げたのは、「陰鬱な天候」とそこに住む人々の人生観、というものだった。

人々は陰鬱な天候によってついつい陰鬱な気分になり、人生全体まで陰鬱に色付けしがちだが、この現象は本人がそのことに気付くまで続き、ある日そのことに気付くとたちまち雲散霧消する、と彼は言う。「私がこの現象の解決法を発見したからには、陰鬱な空とどのように付き合えばいいか、についても当然知っているものとお考えになるでしょう。でも、私にはわからないのです。

その現象がいつ起こるのか、なぜそのときに気付かないのか、いまだにわかりません。私は知らず知らず陰鬱な気分になることがあるが、それが陰鬱な気候のせいであることに気付かないことが多いのです」。シュヴァルツ教授は悲しそうな顔でＢＰＳに語っている。

この点に関しては、二つのもどかしい側面がある。一つ目は、シュヴァルツ教授が指摘したように、**陰鬱な気分の原因が単純な事実であることをつい忘れてしまう**ことである。言い換えると、簡単な解決策があるのに、いざそれが必要になったときにそれを思い出せないことが多い、ということだ。もう一つは、**陰鬱な感情の内包する異常なパワー**である。本当のところはちょっとした空腹感だったり、単に空が雲で覆われているだけにすぎないことを、あなたのすべての思いや感情を暗くさせる重大な条件に変えてしまうのだ。

こんな例もある。「映画を観た後で」と題する研究で、オーストラリア人の研究者たちが、映画館を出てくる人たちをつかまえ、彼らの政治的・道徳的見解を聞き出したことがあった。そこでわかったことは、**幸せな内容の映画を観てきた人たちが楽観的で寛大だったのに対し、挑戦的な映画や悲しい内容の映画を観てきた人たちははるかに悲観的で厳格だった**、という事実だ。また、「アルコール中毒者更生会（ＡＡ）」はその会員たちに、「ＨＡＬＴ（中止）」の略称で知られる四原則を覚え込ませ、折に触れ思い出させるようにしている。これは「腹を空かせ過ぎるな」、「腹を立て過ぎるな」、「孤独になり過ぎるな」「疲れ過ぎるな」というもので、日常生活でややもすると暗い気分を誘発しそうな数々の些細な要因に備えさせるための警告である。暗い気分が募ってくると、元のアルコール中毒状態に本格的に戻ってしまうからである。

土壇場で避けることのできた戦争を誰かが睡眠不足であったために勃発させてしまった例がどれくらいあるか？　たまたまその日の天気が良かったせいで、あるいは展望台からの景色がとてもドラマチックだったために受け入れられたプロポーズがどれくらい多かったか？　たかがツナサンドがなかったというほどの理由で、どれほど多くの重大な決断が下され、どれほど多くの人生の道筋が変更されたことだろう？

孤独を感じる人はまともな人間である

シカゴ大学の心理学者で神経科学者ジョン・カシオポ教授は、その著書『**孤独の科学**』（柴田裕之訳、河出書房新社）の中で一人の男に次のように語らせている。「人と人とが視線を合わせなくなった年のことを忘れることができない。それによって人口が増えたり減ったりするわけではないが、人々が互いの関係に見切りをつけてしまったように思えた。時が経ち、今やこの町は世界で一番孤独な場所になってしまった」と。

「孤独」は世界のいたるところにはびこり、ある意味で「悪感情」をしのいでいるとの研究結果もある。孤独な人々は病気になりやすく、早死にする傾向にあり、知的作業の成績も低いといわれる。ある最近の研究では、彼らの体温が普通の人より文字どおり冷たいことがわかったそうである。

孤独を駆逐するには人と人との繋がりが最も重要だが、皮肉なことに、孤独はそんな繋がりを遠ざける方向にわれわれを追いやる。空腹はわれわれを食事に駆り立て、疲労は睡眠を誘うが、**孤独はわれわれをさらなる孤独へと追いやろうとする。孤独とは、そもそも孤立することへの恐怖に根差す一種の自己防衛心である。**そのため、さらに大きな社会的危険（孤立）に遭遇するのではないか、という過剰な警戒心の引き金をついつい引いてしまうのである。だから、せっかくの友好的な申し出に対しても、あまり乗り気になれないのだ。

そもそも、「孤独とは何か」、ということをわれわれ自身、よく理解していないのに原因の一端があるだろう。われわれが孤独を感じるのは、自分が他人から「好かれていない」と思うときであって、その理由として、社交術に疎いからだとか、あるいは周囲を友好的でない人たちに囲まれているためだ、などと結論付けてしまう。

カシオポ教授は言う。「われわれの体質は、孤立することに対して極めて脆弱である。しかし、その脆弱性の程度は一律ではなく、先天的な遺伝子や後天的な育ちの違いによって個人差が見られる」。言い方を変えれば、健康な生活を送る上で必要な最低限の人間関係においても、それぞれに異なる高さの閾値が設定されている、ということだ。

多くの場合、肉体的な痛みが警報の働きをするように、孤独もまた、人間関係警報器の役割を果たすもの、とも考えられる。しかし、われわれはそのサインを読むのがひどく下手で、読み違えることも多い。そして、今の窮屈な町を逃れて大都市へ出たはいいもののすぐに後悔する羽目になったり、自営業の息詰まるような仕事を辞めて会社員になったはいいが未経験の仕事をさせられるばかり、といった結果を招くのである。

これでひとまず、長い間懸案だった「孤独とは」という命題は解明されたことになる。ただし、未解決の問題が一つ残されている。極端な例ではあるが、「私はほかの誰よりも強く孤独を感じる」と主張する人たちが、実はほかの人たちと比べて遜色ない数の友だちを持ち、独りで過ごす時間もほかの人たち以上に長いわけでなく、またほかの人たちより社交術が劣っているわけでもない、というケースである。これは一見、奇妙な話に見えるが、その孤独感が「今よりもっと強い繋がりを持ちたい」という強い願望が原因で生じたものであるなら、何も不思議なことではない。

カシオポ教授の考えでうれしいのは、**孤独の生じる原因が必ずしも社交術の拙さにあるのではなく、むしろ人と人との繋がりをさらに積み上げていく必要を感じることにこそある**のだとしている点である。

人と人が深い友情で結ばれるのはすばらしいことだ。しかし、店頭で交わすちょっとした会話ですら人間関係の促進の役に立つ。時々孤独を感じるということは、「時々空腹やのどの渇きを感じることと同じである」とカシオポ教授は述べている。「それは、あなたがまともな人間であることを示すものだ。この兆候に注意を払い、いかにして長期にわたって続く満足に繋げるかが、今求められている技術なのである」

実存主義者のジャン・ポール・サルトルなら、このような考え方には根本的な欠陥があると考えるだろう。宇宙の中でただ独り存在するという感覚（孤独）を避けようとすることはもはや実存主義的試行ではなく、日常的に運動をしたり十分な量の水を飲んだりして生活を管理しているのと変わらない、と言うかもしれない。でも私自身は、やっぱり非実存主義的な考えを選びたい。

第3章

良い友だち、良い人間関係

――現代的社会生活の営み方

元祖自己啓発本の〝見せかけ〟からの卒業

自己啓発本の元祖といわれるデール・カーネギーの著書『**人を動かす**』（山口博訳、創元社）は、一九三六年の出版以来多くの人に読まれてきた。特に、一九三〇年代のサラリーマン生活を経験した人たちには重宝がられたことだろう。昼間は昇進を目指して懸命に働き、夕刻に帰宅すると、食事を準備してコートを脱がせてくれる妻に感謝するという当時の猛烈ビジネスマンたちだ。あるいは、当時未婚だった人なら、流行のコートを買ったデパートの可愛い「売り子」の関心を惹こうとやっきになっていたような人たち、である。

言い換えると、この本は多少時代遅れなのである。にもかかわらず、今でも毎年数千部と並はずれた売れゆきを続けており、過去に一度も絶版になったことがないばかりか、これを書いている現在でもアマゾンの自己啓発本ランキングで一八番目に入っている。累計販売部数が一五〇〇万をこえるともいわれるこの本には、今でも何か強く訴えるものがあるようだ。ここではこのカーネギーの本をさらに深く吟味してみよう。

「七ポンド九九ペンスです。どうぞ」と書店の店員が言った。私はボソボソと「ありがとう」と口ごもった。もしも私が前もってこの本を読んでいたなら、まっすぐに店員の目を見つめ、にっこり笑いながら言っただろう。「ありがとう、ニール。今日はよくやってくれたね。感謝するよ、ニール。ところで、少し君自身のことも話してくれないかね、ニール」と。

ちなみにカーネギーが読者に示したのは、どうすれば円滑な社会生活を送り、人生を成功に導くことができるか、を示す次のような原則だ。①他人を公然と批判しないこと、②機会あるごとに相手の名前を呼び、相手をほめること、③彼らの仕事や趣味に「誠実な関心を寄せる」こと、など。中でも③は特に称賛に値する目標だといえる。ただ、**残念なことに、カーネギーが挙げた事例は実のないものばかりで、どれも「そのふりをしている」にすぎない。**また、つねに「相手の重要性を認めていること」を感じさせるようにもっていきなさい、とも書いている。それから「おっとっと、それに忘れちゃいけないことがある。それは名前だ。どこの国の人であれ、その人の名前はその人にとって最も魅力的で重大な響きを持っているってことを」とも。

カーネギーの挙げる原則には、心から相手のことを思いやって行うべきものもあれば、何の感情も交えずに淡々と進めるだけのものもある。いずれがいずれに該当するのか、私には判断できない。だが、例えば、ある大物実業家はシガーをムシャムシャ噛みながら何も特別なことをせずに従業員たちを所定の効率で働かせている。一方、石油王のジョン・D・ロックフェラーは、賃上げを求める従業員たちを説得し、彼ら自身の存在感と重要性を実感させることに成功し、その結果賃上げ要求に応じることなくストライキを抑え込むことができた、として称賛されている。こうした事例について、私の頭脳の半分は、「そんなに簡単にできるわけがない。みんな見せかけにすぎない」と英国人らしく反発しているが、残りの半分は、「何事もうまくいくまでは、うまくいっているふりをしなさい」という処世訓を彼らが忠実に守っているだけだろう、と達観している。いずれにしても結局、見せかけにすぎない、ということだ。

カーネギーのアドバイスに従っているかに思えるこれら見せかけの行為は、最初のうちはまだ何とか我慢して続けることができる。後になって重くのしかかる自意識のことを考えていないからだ。しかし、このままいつまでも、自らの行為に細心の注意を払い続け、周囲の人々とうまく付き合えるようにこまめに微調整し続けなければならないのか、と考えると、誰でも間違いなく気が遠くなってしまうだろう。そして最終的には、そんな自分を諦めて、元の生活に戻ることになる。そうして**見せかけの行為を注意深く続ける必要がなくなったとき、人は本来の自分を取り戻すことができるのだ。**

〝樽の中の腐ったりんご〟の話

ラッシュ時にロンドンの町を歩くと、驚くほど多くの人たちが粗暴で、苛立っていて、挑戦的であることに気付くだろう。しかし、彼らにいくら腹を立ててみても、あなたもまたその不快な連中の一人とみなされて完全に無視されてしまうのがオチである。もちろん、理性的で心の温かいあなたが彼らと同類でないことは明らかだ。時にはいらいらすることもあるだろうが、それはごく当たり前のことで、誰だってそうだろう。だから、あなたが怒りっぽくなったからといって、周囲の人にとって不快な人間になるというわけではない。本当に耐え難い不快さを発散しているのは、あなた以外の連中なのだ（サルトルの有名なセリフに、「地獄とは他人だ。特に現金を引き出してから四五秒も、目的もなくＡＴＭを離れずにいる連中には我慢ならない」というのがある）。

　一見これは、自分の行為を至極当然と考える一方で、他人の行為を不快なものとして非難する偽善者的な思考のように思えるかもしれないが、これは社会心理学でいう「ＦＡＥ（根本的な帰属の誤り）理論」として説明することができる。それは、われわれが**他人の行為について判断を下す際に、その人物の性格に重点を置きがちであり、周囲の状況が及ぼす影響は過小評価している**、というものだ。

「ある男が、特に目に見える理由もなく自動販売機を蹴飛ばしているのを見つけたとき、われわれはその人物が『怒れる男』に違いないと思い込むものだ」と、意志決定理論に詳しいエリエゼル・ユドコウスキーは書いている。「しかし、あなた自身が自動販売機を蹴飛ばすのは、あなたの乗るバスの到着が遅れたり、列車の到着が早すぎたり、あなたの報告書が提出期限を過ぎていたり、あるいはこのクソッタレ販売機に昼食二回分のお金を無駄に投入してしまったときだろう。あなたはあなた自身に言い聞かせるだろう。同じ状況に遭遇したら、誰だって自動販売機を蹴飛ばすに違いない」と。

　こうした偏った見方の根源は深い。われわれは周囲の状況によって、幸福であるか不幸であるか、ストレスを感じるかリラックスできるかが決まると思っているが、自分以外の人々についても同じように考えているかというと、そうではない。ほかの人々の性格もわれわれと同様に周囲の状況に左右される、という考え方には頑固に抵抗するのである。

　自己啓発の大先生たちは個々人の性格をベースにしたカウンセリングを広めたがっていて、危険人物やノイローゼ患者、引きこもり、自己陶酔者などを対象とした介護マニュアルも用意されている。このようにさまざまな人格障害者がいることは確かだ。しかし、「FAE（根本的な帰属の誤り）理論」の示唆するところは、これらの人々の行動をもっと寛大な目で見るべきだろう、寛大に見すぎて失敗しても厳しく差別する弊害よりましだろう、ということだ。ほとんどの人が、いかなる時にあっても、自分たちの行為が周囲の状況に対する自然な反応であると信じられるように。

FAE理論はまた、「わずかな腐ったりんご」に関する議論を批判するものでもある。たとえその腐ったりんごがあの悪名高いアブグレイブ刑務所の拷問官であろうと、ありふれた生まれつきの犯罪者であろうと、それらの**腐ったりんごがほかのすべてのりんごを腐らせるという考え方を批判している**のだ。

ただし、そうかと言って、世の中の悪い行いを弁護しようとしているのでは決してない。物事を偏見のないきれいな目で見ようとしているだけだ。スタンフォード大学の名誉教授である心理学者フィリップ・ジンバルドは「悪魔の哲学に関する状況主義者の見解」というタイトルの論文の中で述べている。「わずかな数の腐ったりんごは樽全体をダメにする（と言うが）……酢樽に入れられた甘い胡瓜は必ずすっぱい漬物に変わる（ではないか）」と（この論文は、ジンバルドが行った悪名高いスタンフォード刑務所での実験について書かれたもので、刑務所護衛官の役を演じた学生が受刑者役の学生に対し目を覆いたくなるような残虐な仕打ちをした事実が描かれており、周囲の状況が及ぼす影響の甚大さを物語るものである）。

ここでジンバルドが問うているのは、腐ったりんごを探し出し、とりのけ、破棄するためにわざわざ多くの資源を消耗するのはいかがなものか、それよりも、酢の働きを理解する方が手っ取り早いのではないか、ということである。

君は「負け犬」だが、それは数学のせいである

あまり気の進まない話だが、いずれ誰かが君に語らねばならないことなので、私がその役を買って出ることにする。君は、まあ言ってみれば「負け犬」なのだ。君は、君の友だちが君よりたくさんの友だちを持っていると思うことがたびたびあるだろう。そう、そのとおり。そして、君が通うトレーニングジムでは、ほとんどの人が君より優れた体型をしていると思っているだろう。さらに、君の所属している読書クラブでは誰もが君よりたくさん本を読んでいるのも知っているだろう。そう、すべてそのとおりだ。もしも君が独身で、最近デートした日からすでに相当の日数が経っているとしよう――それも、君があまりにウスノロなためだが――そして、デートのときのことを思い起こしてみろよ。ほかの人なら君よりもずっとロマンチックにデートを楽しんだだろう、そう思わないかい？　残念だが、君の思うとおりなんだ。

　この話で唯一の慰めは、これが君だけのことではないということだ。私たちはほとんどの場合、自分の友人の数がそれぞれの友人が持っている友人の数よりも少ないことや、自分がジム仲間の誰よりもメタボ腹であることを感じている。このことはすべて統計で示されているのだ。言い換

えれば、**君は「負け犬」だが、それは君自身のせいではない**、ということだ。**これは数学の問題なのである**（私が言いたいのは、数学以外の何ものでもないということだ。仮に君が人間としてとんでもない出来そこないであったとしても。だから、ここからは客観的な数学者の目で論じていくことにする）。

数の科学にどっぷり漬かったことのない人には、この説は常識はずれに思えるだろう。友情関係というのは二車線の道路のようなもので、物事はすべて平均化していくものと推定しているからだ。誰かが有名になる確率は、その友人が有名でなくなる確率と同じである、と考えている。しかし、社会学者のスコット・フェルドが一九九一年に『なぜ、あなたの友人はあなたより多くの友人を持っているのか』という題名の論文を発表して以来、その考え方は正しくなくなった。君が自分の友だちをリストアップし、それら友だち全員にそれぞれの友だちの数を訊ねたとする。彼らの数の平均値の方が君の数よりも大きくなる可能性が非常に高いのである。

その理由は実に明快だ。心理学者の金沢聡が指摘するように「君が誰かを友だちに選ぶ場合、あまり友だちを持っていない人よりも、たくさんの友だちを持っている人を選ぶだろう。有名な人とは知り合いになりたいと思うが、あまり有名でない人とはその気にならないだろう。中にはまったく友だちのいない人もいる。君がそんな人の友だちになることはないだろう」というわけだ。これは一見パラドックスに見えるが、日常生活のいたるところで経験することだ。ジムで出会う人々は誰もが君よりも健康体に見えるものだが、それは君がそうでない人（ジムにめったに行かない人）にジムで出会う機会が少ないからにすぎない。われわれは**自らを比較するのにわざわざ都合の悪い相手を選んでしまう傾向にある**ものだ。

そんなわけだから今度、君が周囲のあらゆるものに劣等感を抱き、自己憐憫に陥っているのに気付くようなことがあっても、元気を出しなさい。君の感じていることは確かに間違ってはいない。だけど、もう一度言うが、ほかの連中も同じだからね。

相手の真意は「訊いてみるもの」それとも「探ってみるもの」？

あまり気の乗らない招待や厳しすぎる依頼を受けたときにどう対応すればいいか？

礼儀作法の専門家たちに聞いてみると、ただ「ノー」とだけ答えなさい、と言う。礼儀作法の大家エミリー・ポストは、物ごとをやんわり断る際に使える呪文のようなフレーズを推奨する。これは、麻薬患者には通じないが、親戚の誰かがあなたの家に二週間滞在したいと言ってきたり、仲間の誰かから嫌な仕事を頼まれたりしたときには役に立つ。それは、「できないと思います」とだけ答えることだ。弁解めいたことを言うのはやっかいな話し合いに発展する恐れがあるので慎むべきだ。

　また、とぼけた感じの返事にはそれなりの効果がある。例えば、コメディアンのピーター・クックのセリフに、「あらまあ！　今思い付いたのだけど、その晩はテレビを観る予定になっているの」というのがある。それから「それは無理よ！　だって、そんなことできるわけないもの」というような同意語の反復も悪くない。でも、これらは同じ主旨をいろいろに変えて表現しているにすぎない。やはり、物事を断るのに最善の方法は「ノー」とだけ答えて後は口を閉ざすことだろう。

　ここでひとつ、読者を「訊いてみるタイプ」と「探ってみるタイプ」の二グループに分類して、お互いの間に生じる誤解について考察してみたい。この分類は有名なテクニカルライターのアンドレア・ドンデリによるもので、人間は成長する過程で二つの文化のいずれかを体験する、という。**「訊いてみるタイプの文化」で育った人々は自分の求めるものが何であれ相手に直接お願いしても何ら礼儀に反することとは思わない。**そして、相手の都合が悪くて回答が「ノー」となる可能性があることも十分に承知している。

　これに対して**「探ってみるタイプの文化」の中で育った人々は、相手から「イエス」の答えをもらえることが確実になるまでは自分の要求を具体的な言葉にしようとしない。**どちらのアプローチも間違っていない。ところが、「訊いてみる型」の人と「探ってみる型」の人が一緒になるとたちまちそこに不和が生じるのである。

「訊いてみる型」の人は、相手の家の空き部屋に二週間泊めてくれるよう依頼しても特に無作法とは考えないが、「探ってみる型」の文化で育った人はそんなふうに依頼されると、相手を何と厚かましい人物かと驚きながらも「ノー」と答えるのに激しい苦痛を感じるのである。

　もし上司があなたにプロジェクトを早急に完了させるよう要求したとすれば、彼は過剰な要求を平気で押し付ける無作法な上司かもしれないが、あなたが断ることを頭に入れた単なる「訊いてみる型」の人物なのかもしれない。もしあなたが「探ってみる型」なら、そんな要求を聞くと、自分が特別に期待されているのでは、などと想像して「ノー」と即答するのに躊躇するかもしれない。

ただ、「訊いてみる型」と「探ってみる型」は極端な二者択一というものではなく、両者の間には連続したスペクトル帯が存在する。そのことは、異文化間のぎこちない関係もまた明らかになるのである。イギリス人とアメリカ人が日本でビジネスをする際に困惑を覚えるのは、日本が「探ってみる型」の文化圏だからだ。逆に、どんなことでもダメもとで「訊いてみよう」とするロシア人は、英米人の目から見ても粗雑に映るのである。

自己啓発はわれわれに「訊いてみる型」の人間になるよう求めている。何事も臆することなく要求し、また気楽に拒絶できる人間に訓練しようというのだ。交渉論で有名なウィリアム・ユーリーがわれわれに覚えておくよう勧めているのは、「**それは私にとって都合が悪いです**」というような最後の切り札となる「アンカーフレーズ」だ。

しかし、このことは、「探りを入れるタイプ」の人たちにとっても心の慰みになる。なぜなら、相手に不安を抱かせるようにずけずけ要求するような人がいても、その人はとりあえず「ダメもとで訊いてみる型」の人物だと思えばいいからだ。だから、何ら心配することなく「ノー」と言って断り、その結果何が起こるか様子を見ればいい。きっと、何も起こらないだろう。

興味を持たれる人間になるには？

誰しも、他人に興味を持たれる人間になりたいと思っている。だが、一九六五年に『How to Be a More Interesting Woman（どうすれば、もっと興味深い女になれるか？）』という本を出したバーバラ・ウェッジウッドは次のように書いている。「その前に考えねばならないことがある。それは、世の男性たちのすべてが、興味深い女性を望んでいるわけではない、ということ。しかし、美しい女性を望まない男性はいない。美しい女性なら、たとえほかに欠点があっても大目に見られるだろう、ということだ」

今日、この種の話題がかつてほど深刻に語られることはないが、「興味深い人」になりたいという願望は、男女を問わず今も衰えていない。これに答えて、さまざまな自己啓発本がいろいろな提案をしている。しかし、どれも逆効果を招くウェッジウッドの域をこえていない。例えば、「何か本当に興味を覚えることを見つけなさい。そしてそのエキスパートになりなさい」という人がいる。しかし、世の中には自分の専門事項を得意げに延々と語りたがる輩が掃いて捨てるほどいる。誰にも本気で相手にされない連中がね。

そもそも「興味（深さ）とはどういうことか」、誰もはっきり答えられないところに一番の問題がある。そこで、他人の興味を引き出すためにさまざまなヒントが提案されるが、いずれも既存の問題を再燃させるだけの結果に終わってしまう。例えば、「人々が知りたがることを敏感に嗅ぎとる直感力を養いなさい」とアドバイスされるが、「そもそも人々は何を知りたがっているのか？」という最初の疑問に戻り、循環論法の罠にはまってしまう。また、「まず、ブログを始めなさい」とデザイナーでブロガーのラッセル・デイヴィスが勧めるが、皆が知っているとおり、本当に興味深いブログを始めるのはブログに関心を持っている人たち（デイヴィスを含む）だけで、そうでない人たちのブログの内容は退屈極まりないものになるだろう。

面白いことに——と言っても、私が今話題にしている「興味（深さ）」という意味ではないが——対話の中で感じる「退屈感」は「興味（深さ）」よりも定義しやすい。**相手に退屈を感じるということは、自分と対等の社会的地位を相手に認めないことである。**「人間は、その個性が無視されたり、心理状態が理解されないときほど激しい怒りを覚えることはない」と、ロバート・グリーンはその著書『**権力《パワー》に翻弄されないための48の法則**』（ユースト・エルファーズ共著、鈴木主税訳、角川書店）の中で書いている。「退屈」が心中の怒りをこえて高レベルの逆上状態を誘発するのもその辺に理由がありそうだ。文学者のマーク・エドマンドソンは季刊雑誌『The American Scholar（アメリカの学者）』の中で次のように述べている。「人間はあらゆる種類の攻撃的で反社会的な行為をして互いに傷つけ合うものだ——もちろん、私自身多少なりとも同罪である——だから、延々と自慢話を聞かされることなど決して最悪のケースではないはずだ。だが、あまりにも冗長な話を聞かされる側の立場に立つと、私の神経はぶち切れそうになる」と。

エドマンドソンはこうも述べる。「専門家の長話も退屈だが、最も性質が悪いのは相手の専門分野に立ち入ってあたかも自分がその筋の専門家であるかのように話す人である。私の仕事仲間の一人で、コールリッジ（一八～一九世紀の英国の詩人）について知識をひけらかしたがる者がいるが、彼は私の身近に感じる事項について語り、そうすることで私に恩恵を施しているものと思っているらしい。そして、私自身も、彼の話に耳を傾けることで彼に恩恵を施していると思っている。だが、こうしてお互いに恩恵を施し合っていると思っていても、実際にそうではないことがわかると、いずれ二人の友好関係は崩れ、悲劇が生じることになる。お互いが相手に『貸し』を作っていると思うからだ」

他人に興味を持ってもらうには、一にも二にも自分から相手に興味を抱かねばならない、と自己啓発本は言っているが、それだけでは不十分なことがエドマンドソンの話からもわかるだろう。確かに一つの真理として言えるのは、われわれはみんなが尊大な利己主義者であり、その欠点につけ込むやり方はうまく機能するだろうということだ。例えば、仰々しく相手に興味を示したり、ありったけの質問を浴びせたりするのがそうである。また、相手の話に意欲的に耳を傾けることができるというのは貴重なテクニックだろう。だが、注意しなければならないのは、ごく些細なことに意識を集中し過ぎると興味の焦点がいつの間にか自分自身に振り戻されるということだ。これは特に、事実に反してあたかも興味があるかのように振舞おうとする場合に起こりやすい。

ここで、ひとつの疑問が頭をもたげてくる。**興味を持たれる人間になろうという試みは結局、すべてが本質的に自己中心的なものにならざるを得ないのか？**　もしそうだとしたら、それは退屈極まりないことになりはしないだろうか。

愛情は意識的に作り出すもの

今や、ウェブサイトを使ってデートの相手を探すことができるが、その際コンピューターがあなたに恋人候補として推薦するのは、あなたといくつかの共通点を持つ異性だ。この共通点の内容が二人の関係を長続きさせるカギを握っているからで、言い換えれば「類似性」は「相性」の重要な要件なのである。近年、「反対物は引き合わない」などという研究者すらいる。

さて、これで「愛」の謎は解けたようだ。一件落着、めでたしめでたし。

いやいや、そうは言ってはみたものの、やっぱり今ひとつすっきりしない。現実はもっと複雑なのではないか、という疑問が湧いてくる。そこで、テキサス大学で心理学を教えるテッド・ヒューストン教授にご登場願おう。彼は、一九八一年以来「ペア（一組の男女）」という名のプロジェクトに取り組んでいる。これは、結婚した男女を対象に長期にわたって研究しているもので、数多くの興味深い結論を発表している。例えば、新婚時のようにアツアツであればあるほどそのカップルは離婚しやすいという——ちなみに、これを聞いた私は思わず意地悪くほくそ笑んだものだ。というのは、今まで何度もこの手のイチャツキをこれ見よがしに見せつけられ、そのつど我慢しなければならなかったからだ。

このプロジェクトの最もすばらしい発見は、タラ・パーカー＝ポープの著書**『夫婦ゲンカで男はなぜ黙るのか』**（古草秀子訳、NHK出版）の中に書かれている。例えば、**カップルの幸不幸はそれぞれの好き嫌いや性格などにどれほど多くの共通点があるのか、ということとはあまり関係が**

ない、という。つまり、「反対物が引き合う」とか、「似た者同士が集まる」とかの問題ではない、というのである。ヒューストンは論じる。「どっちにしろ、相性の問題はロマンスの成否を決める上でそんなに重要な問題ではない」と。しかし、この点をよく考えてみると、頭が混乱してくる。二人の関係の良否が二人の性格の類似性に左右されないのは、どうしてなのか？

　この一見パラドックスに見える中に答えへの道がある。しかし、それを見出すためには、「相性」というものを根本的に見直さねばならない。ヒューストンによると、相性は、愛情の中で予期せぬ特別な役割を演じているそうである。

　自分たちの相性が良くないのではないか、と心配し始めると、それは二人の関係に問題が生じている証《あかし》である。「私たちは相性が良くない」というのは、「私たちは一緒にやっていけない」ということを意味する。このように、相性というのは愛情というブラック・ボックスに貼られたラベルなのである。物事がうまくいっているときは「相性が良い」と言い、うまくいかない場合は「相性が悪い」ためだと言う。しかし、これでは二人の関係を左右する謎を解明したことにならない。単に「関係」を「相性」と言い換えただけである。

　このように考える背景には深い意味を持つ仮説がある。それは、二人の関係を良くするものは、具体的に何であれ、外部から持ち込まれるものにほかならない、というものだ。この仮説に対して人生をかけて反対しているのが心理学者ロバート・エプスタインである。彼は、「相性」を取り上げ、**相性とは二人がその関係の中で共に築くものであり、愛情とは二人が意識的に作り出すものである**、としている。二人が最初に共有しなければならないのは、「とにかくやってみよう」

という意気込みだけである、という。これらエプスタインの言うことはすべて、何となく気分を良くさせる内容ではあるものの具体性を欠いていた。しかし、二〇〇二年に彼が飛行機の中である女性を見染め、自分の主張を証明するためにも恋愛関係になろうと決心し、彼女を口説くのに成功してから、にわかに具体的になっていった。

エプスタインの「ラブ・プロジェクト」は、アメリカのメディアが数週間にわたって密着取材することになったが、エプスタインと彼女（名前をガブリエラ・カスティーヨという）は愛情を呼び起こすためのいろいろなテクニックを追求するのに追われた。それは例えば、心のこもった接触《ふれあい》や、愛情の脆弱性《はかなさ》について話し合うなど、今までの研究が示唆する数々のテクニックだった。そして、ついに二人の愛の花が開いた。しかも、正直なところ、「好事は長続きしない」という定説を破ることとなった（もっとも、公平を期して言うと、カスティーヨはベネズエラに、エプスタインはアメリカに住んでいた、というのがその大きな要因だろう）。

エプスタインは自分の基本的な考えが正しいことを主張し、それを証明する方向に研究を進めていった。その研究によると、お互いにあまり知らない関係の男女のうち七〇パーセントが相手の目をじっと見つめるだけで愛情の高揚を感じると言っているそうだ。最近のエプスタインは「見合い結婚」について研究をしている（政略結婚などの強制された結婚ではないので誤解のないように）。そして、結婚後に二人の間で醸成される愛の方が、概して、いわゆる恋愛結婚での愛よりもはるかに堅固であることを示唆する証拠を挙げている。

かといって、独身者がそれぞれの祖母や親しい叔母に頼んで自らの将来の伴侶を選んでもらうことの是非を論じてもしかたがない。ここで強調したいのは、**愛情とは自らの意思で積極的に築き上げようとする人たちのものであって、相性の良いパートナー探しに何年もかけるような人には背を向ける**、ということである。「ソウルメイト」は自らの努力で作り出すものであるにもかかわらず、選択にこだわりすぎる人は神経が麻痺状態になり、「ソウルメイト」がどこかに身をひそめて探し出されるのを待っているものと錯覚してしまう、とエプスタインは言っているのだ。

やりたくないことを断るのはいけないことか？

私だけじゃないだろう。クリスマスが近づくと、窓のカーテンを閉め、暖炉の火をかきたてて、自分用のミンス・パイとブランデーの支度をし、身体を丸めて雑誌を読んでいるような男は。私が読んでいるのは一九七四年の夏に発行された社会科学誌『Organizational Dynamics（組織力学）』だ。だが、ひょっとして、この雑誌を読んでいるのは私だけかもしれない。そうなら、残念なことだ。この雑誌には実に興味深い記事が載っているのだから。それは、ストレスが溜まって正気を失いそうになる「クリスマス」という名の心理ドラマと、それを観るときのカギとなるものだ。そこで、しばらく我慢して、私の話に耳を傾けてくれないかね。

記事のタイトルは「アビリーンのパラドックス」というもので、筆者は経営管理の理論家ジェリー・ハービーだ。冒頭に筆者自身の逸話が紹介されているが、それはクリスマスではなく息がつまりそうに暑いテキサスの夏の物語だ。ハービー夫妻は妻の両親と一緒に住んでいた。ある日の午後、のんびりくつろいでいたハービーに義理の父が話しかけてきた。「アビリーンへ行って夕食をとるのはどうかね」と。ハービーはびっくりした。アビリーンは五〇マイル（約八〇キロメートル）も離れており、途中は神にも見離された砂漠地帯である。そんな所を、焼けつくような太陽にさらされて、わざわざ不味《まず》い食事をとるためにドライブするなんて、考えるだけでぞっとした。でも、彼の妻が行きたそうだったので、ハービーは自分の気持ちを抑えた。

結果は、やはり予想したとおり、散々な経験をすることとなった。後日、ハービーは家族みんなの気分を引き立てるように言った。「すばらしい旅だったね。そうは思わないかい？」。すると、家族が一人また一人と告白したのは、「ひどい目に遭った。初めから行きたくなかったが、みんなが行きたがっているようだったので賛成したまでだ」というものだった。言い出しっぺの義父まで「みんな、聞いてくれ。私自身はアビリーンになど行きたいとは決して思わなかったが、君たちがきっと退屈しているだろうと思ったので……」などと言い出す始末だ。

ところで、ハービーの関心はビジネスにあった。彼が重要視したのは、**各従業員が目立つことを恐れるあまりに何も発言しないと、会社は従業員の考えを反映しない結論を出してしまう**、という点だ。「そうすることで、従業員たちがせっかく定めた達成目標も次々とつぶされていく」と言う。ハービーの論文やその後に発行された著書は経営者の間でセンセーションを起こしたが、このパラドックスは家族という原組織にも同様に適用できるようだ。

特に、クリスマスのような休暇については家族の中で何か特別な期待が生まれるものだが、その期待が重荷になるような場合がある。たとえ伝統的行事であっても、なるべくならそんなことはしたくないと家族のみんながひそかに思っていたとしたらどうだろう。例えば、クリスマスごとに全員が一堂に会するのが慣習になっている家族などは、このパラドックスの典型だろう。普段は一緒になることのない者同士が互いに気を使い合い、四六時中神経を張り詰めていなければならないからだ。なお、あえて言っておくが、これは私自身の家族の話ではない。だが、仮に私の家族がそうであったとしても、私はそれを認めようとはしないだろう、というのが私流のパラドックスだ。

　かといって、家族全員が集まることや、みんなで一緒に心から楽しく過ごすことにあれこれケチを付けているのではない（チャールズ・ディケンズの『クリスマス・キャロル』に登場するスクルージのように解釈されては困る）。

　ハービーは断定する。「あのアビリーンで経験したパラドックスを克服する方法があるとすれば、あなたが思っていること、感じていることをはっきりと遠慮なく口にすることが唯一の実践可能な方法であり、それこそが人間関係を改善するための戦略なのだ」と（参考になるかどうかわからないが、ある夫婦が別々に休暇を楽しんでいたとする。彼らがそうできたのはそうしたいと願う気持ちを率直に認め合う勇気があったからだ、という）。意見の不一致が生じたとき、われわれは何とかしてまとめようとやきもきするが、ハービーが示しているように、お互いに合意すればいいというものではない。**合意したことがそれぞれの幸せを脅かすこともしばしば起こる**からだ。

　そこで、次回、休日でみんなが集まる機会に、実際に心理学実験をしてみてはどうだろう。もし、あなたにとって楽しくない家族の儀式が行われるようなら、やんわりと異議を唱え、少し様子を見てみるといい。うまくいけば、不安から解放されて喜ぶ人たちの合唱で歓迎されるだろう。最悪の場合、みんなして神経をぴりぴり尖らせながらも、何とか儀式を進めようとするだろうけれど。

居心地のいい「ホモフィリー」から脱出せよ

二〇〇八年のアメリカ大統領選挙の期間中、私はアメリカ人の友人たちから折に触れ、バラク・オバマの勝利が固いことを教えられた。もっとも、彼らの周囲に共和党に投票する人が一人もいなかったからだろう。ただの一人も。もちろん、結果的には彼らの判断は正しかった。だが、約五八〇〇万人もの人がオバマに反対票を投じたことも無視できない事実である。こういう反オバマの有権者たちは、例えばブルックリンのコーヒー店などで寄り集まっているような人々で、たまたま彼らが私の友人たちと鉢合わせになる機会がなかっただけのことだ。

この論法でいけば、私にだって自信を持って断言できることがある。例えば、イギリス人の誰もが死刑制度を支持していないとか、みんなアメリカの連続ドラマ『THE WIRE／ザ・ワイヤー』の熱烈なファンであるとか、『ダ・ヴィンチ・コード』を読んだ人がほとんどいないといったことだ。実際、世論調査をすれば、私の考えの正しいことが証明されるだろう。ただし、調査対象を私がよく利用する北ロンドンのガストロ・パブの常連客に限定すれば、の話だが。
ちょっぴり気の重くなる話をしよう。**人間は誰しも自分とよく似た人々と一緒に時間を過ごしたがる傾向がある**、という話だ。これは社会科学で「ホモフィリー」と呼ばれ、その人の考え方や生活態度を形成していく要因の一つとなっている。ある人物の政治的立場を知るには、その友人たちを調べればいい、といわれるのもこのためである。また、人類の進化については、従来から「進化論」と「創造論」が対立してきたが、今やほとんどの人が進化論を支持している。にもかかわらず、いまだに創造論を奉じる人たちは進化に関する議論がまだ終結していないと主張する。事実、創造論者の社会では、今でも進化論について活発な議論が続いているのである。

われわれは自分の意見が肯定され、反対されることのないように極力努めるものだが、そのためには、自分の意見を受け入れてくれる仲間を大切にし、反対者の意見を無視したり排斥しようとしたりする。そうして、ハーバード大学のメディア調査員、イーサン・ザッカーマンが指摘するように、「**ホモフィリーは無知を生む**」のである。

また、「集団極性化」という現象の研究者たちによると、ホモフィリーは構成員を極端な方向に誘導するという。例えば、穏健な保守主義の人たちがグループ内で政治について議論をすると、極端に保守化していく傾向があるというのだ。

このように、人間は多様性を大切にしながらも、自分とよく似た人たちの集団に入りたがるという自然なホモフィリー化傾向を持っている。いくらあなたが心の広さを誇りにしていても、この傾向から逃れることはできない。

テクノロジーの発展は、ホモフィリー化傾向をさらに進める。一番わかりやすい例がインターネットである。インターネットでは、自分の好みで構築したフィードバックループの内側にほぼ完全に留まっていることができる。しかし、昔の人々は自分たちの好みや期待にかかわりなく、共通のメディアを通して同じ内容のニュースしか知ることができなかった。これに対して、今日では誰でもグーグルで検索さえすれば、最初からフィルターを設定して、自分の分野に必要な情報だけを厳密に選別することができるのだ。また、アマゾンやiTunesでは、ホモフィリーが販売促進のポイントにもなっている。あなたと同一の本や音楽などを購入した人たちがほかにどんなものを購入したかを調べてあなたに推薦する「協調フィルタリング」システムはホモフィリーを基本にしているものだ。

しかし、ここには、暗黙の了解がある。あなたの好みが何であるかをあなた自身がよく認識している、という前提である。つまり、あなたの現在の好みを満足させること、そしてその好みの範囲を多少広げることで喜びを得ることができるだろう、という了解がそこにはあるのだ。だがそれは真の喜びを追求したことになるのだろうか。これまでに幸福の研究家たちが示した教訓といえば、真の喜びをつかむのがいかに難しいか、ということだ。とにかく、**真の喜びを追求するには、今のホモフィリーを脱却して将来の可能性に身をさらすしかないだろう**、と私は考えるのだ。

「自己中心性バイアス」と「自意識過剰」

心理学の世界に親しんで良かったと思えるのは、人生のいかなる難問に直面しても、何かしら役に立つ英知を思い浮かべることができる、という点だ。仮にあなたがある朝、道路を横切ろうとしているとき、意地の悪い間抜けなタクシー運転手がコーナーでスリップし、あなたに泥水をはねかけ、あわや轢きそうになってから、スピードを上げて走り去ったとしよう。あなたは怒り、大声でののしり、ひょっとしてあの運転手は自分を殺そうとしたのではないかと考えるだろう。だが、そんなことでエネルギーを無駄に消耗するのはやめて、代わりに「なんて面白いやつだ」と、運転手を傲慢に見下してやればいい。

例えばこう考えるのだ。「もし、俺が本気で怒っているとしたら、それは俺が『自己中心性バイアス』の状態に陥っている証拠だ。つまり、あいつがあんなことをしでかしたのは、そこにいたのが俺だとわかったからか、あるいは初めから俺を狙っていたのかもしれない、なんて思い込んだからなんだ」と。つまり、『自己中心性バイアス』とは、**実際はそうじゃないのに、自分が他人の行為の原因や目標になっていると思い込むという、ほとんどの人が犯す共通のヒューマンエラー**なのだ。だから、「実際のところ、あの運転手はわざと俺をずぶぬれにしたり、ましてや殺そうとなんかしたわけじゃないだろう。よくいる不注意なドライバーというだけなのかもしれないんだから（それ自体、決して良くないことだが）。そんなやつに腹を立てて、俺に何か個人的な恨みを持っているなんて妄想するのはバカバカしいだけだ」と思えばいいのである。

もちろんこれは仮説にすぎない。個人的に言えば、仮に私がこれと同じ目に遭えばそのたびに腹を立て、大声でののしるかもしれない。だが、それはやってはいけないことなのだ。多くの研究結果が示しているように、われわれは相手が頭の中で考えていることを推測するのがとても下手で、**相手の考えを実際以上に大げさに想像してしまう癖がある**からだ。自分の仕事ぶりに上司が不満を持っているんじゃないか、息子が自分を困らせるようなことをしようとしているんじゃないか、友だちだと思っている人たちが影で自分を嘲っていたりはしないか……そんなことを心配しがちだが、断じてそんなことはない。思い過ごしというやつだ。といって、そうした人たちがあなたを尊敬し、あなたについて何かすばらしい期待を抱いているかといえば、そういうわけでもない——むしろ、あなたのことなどまったく気にも留めていない、と言った方がいいだろう（彼らは彼らで、自分たちが他の人たちにどう思われているかが気になっているので、わざわざあなたのことなど考える余裕はないだろう）。

かつて、心理学者のトーマス・ギロビッチは学生たちに、歌手バリー・マニロウの派手なTシャツを着て大学の教室に入らせる実験をした。そんな服を着ることに当惑していた学生たちは、ほかの学生たちの平均四六パーセントから奇異の目で見られただろうと推定した。ところが、実際に彼らのTシャツ姿に注目した学生の数は全体のわずか二三パーセントにすぎなかった。これを「ソーシャル・スポットライト効果（社会の注目を集める効果）」と呼ぶが、パーティーなどで誰にも相手にされずポツンと壁によりそって立っている「壁の花」になった経験のある人ならよくわかるだろう。自分では目立っているように感じるが、実はそれほど注目されていないのである。

　ギロビッチによると、**人間は進化することによって激しい「自意識過剰」を経験することになった**という。他人にどう思われているかを知ることがその人にとって死活問題となった時代もあった。今やそんなことはなくなったが、われわれの心情はいまだにその名残を留めているのだ。

　面白いことに、先に紹介した「自己中心性バイアス」（「自意識過剰」とは異なる）というのは、いつも自分をすばらしい中心的存在だと思っているような、いわゆる「自分本位」の人たちの考え方ではあるが、なにも彼らの専売特許というわけではない。仮にあなたが世の中すべての人に憎まれていると信じていても、あなたは他人の見えざる心の中で、あなた自身に極めて目立つ役割を演じさせているともいえるのだ。誰もが陥るこの**自分本位の「自己陶酔」は一見殺伐としているようだが、別の見方をすれば、あなたを他人の思惑から解放し、自由にするものでもある。**あなたがほかの人たちにどう思われていようと、そんな人たちを同等に気にする必要はない。あなたがほかの人たちにどう思われているのかと考えることと、あなたがほかの人たちにどう思われようと気にしないということとは、いずれも普遍の真理である。だから、あなたはその両方を受け入れなければならない。

　引き合いに出したバリー・マニロウにはちょっと申し訳ない結果になったと思っている。もっとも、ほんのちょっぴりだが。なにしろ私にはほかにもっと気にしなければならないことが山ほどあるものだから。

好感を持たせるには奢るな、奢られろ

言うまでもないが、数多い自己啓発本の中で、読者に約束する目標を達成したものはほとんどない。中には、読者がそもそも望んでもいないことを約束している本まである。その一例がクライブ〝ロック・ソリッド〟ウェブという名前の元男性ストリッパーが書いた『How to Date Paris Hilton（パリス・ヒルトンとデートするには）』というものだ。パリス・ヒルトンは、ここでは「美しい女」の代名詞として使われているが、そもそもなぜ彼女のような女性とデートしたいのか、という疑問に著者は一切答えていないのだ。

デートに限ったことではなく、日常の友情関係やネットワークにおいても、「相手に好感を与えるにはどうすればいいか」をテーマにした本が無数に出回っている。多少は何とかできそうなことが書かれていても、ちっとも魂のこもった内容が見当たらないものがほとんどだが、実はこの手のものは、一八世紀頃に最も古い自己啓発運動の一つとして流行したものだったらしい。ベンジャミン・フランクリンにまで遡る話だ。

フランクリンは好奇心の強い男だった。また、機知に富んだ著述家であり、熟練の外交官であり、それに避雷針を発明した天才でもあった。にもかかわらず、他人を多少いらいらさせる気性の持ち主だったと推測される。バージニア大学の助教リタ・コガンソンは、アメリカの若手作家中心の政治誌『Doublethink Quarterly（季刊二重思考）』にこう書いている。「彼が今生きていたら、

フェイスブックにたくさんの友人を持っているだろう。だが友人たちの本音は、友だちリクエストを断って彼を怒らせたくなかった、というものだろう――フランクリンはそういうタイプの男だった」と。

しかし、当のフランクリンは人間の魅力について、こんな意外な真相に注目している。「人間は、恩恵を受けるよりも、恩恵を施すことによってその相手を好きになる傾向がある」というものだ。フランクリンは、かつて自分に反感を持っていたペンシルベニア議会の議員を味方に引き込むのに成功したことを回想する。相手にペコペコへつらった結果ではなかった。相手の書庫から特別な希少本を借りたいと申し込んだとき、相手が喜んで応じてくれたことがきっかけになって、二人の間に友情が芽生えたのだ。「**一度あなたに親切にしたことのある人は、あなたに対してさらに親切にしようとするだろう。**この傾向は、あなたが親切にした人よりも強い」とフランクリンは言う。

心理学者はこれを「ベン・フランクリン効果」と呼んでいるが、その根底にあるのは「認知的不協和」を嫌う心理である。われわれは、**自分の行動と思想の間にミスマッチが生じると耐えられなくなる。**だから、誰か他人を援助しているときは、無意識に自分の思考を相手のためになるように調整しようとする。結局、価値のない誰かを助けているとは思いたくないのだ。

こんな例もある。とある研究のために行われたコンテストで賞金を獲得した学生たちがいた。ところがコンテスト後、何人かの学生は、一旦貰った賞金を返還してほしいと依頼された。その賞金が研究者たちの貧しいポケットマネーから出されたものだから、という理由だ。その後の追跡調査で、賞金の返還要求に応じた学生たちの方が、要求されなかった学生たちよりも、より強い好感を研究者たちに抱いていたということがわかった。

この結果の意味するところは注目に値する。上司にはおべっかを使うな。代わりに、何かを要求しなさい。友だちにはたくさんの贈り物をするな。代わりに、友だちの持ち物を貸してくれるよう頼んでみなさい。クライブ〝ロック・ソリッド〟ウェブらデートについての助言者たちが何と言おうと、バーなどで異性ににじり寄って飲み物を奢ったりするな。代わりに、自分の飲み物代を支払わせなさい。

目立つ存在になることの是非

私がまだ若くて、これからの人生の職業を選ぶためのさまざまなカウンセリングを受けていた頃の話だ。就職の面接試験をパスする一番の方法は、何としても相手に「忘れられない印象」を与えることだ、とアドバイスされたことがある。

中でも忘れられないのは、ある紅顔の新卒学生が広告代理店の面接試験に臨んで、ビニール袋に入れた金魚を持参したという話だ。ブランド（商標）設定の複雑な工程を説明するのに使用したらしい。ほかにも、経営コンサルタント志望の男がおもちゃのピストルから布を発射し、その布に書かれたメッセージを机の上に広げた、という話も聞いた。もちろん、そんな非常識なやり方が受け入れられるはずがなかった。もしもそうした、直感的で派手で、地味な実技を伴わないパフォーマンスが人気を博するようだったら、英国の金融や商業は混乱し、経済は破綻していただろう。

だが、ここでちょっと考えてみよう。

今の時代も、かつてほど華やかではないにしろ、「社会で目立つようになれ」という呼び声は依然として大きいのではないか。『飛び出せ！　大衆の中から傑出せよ』とか『職場で際立つための一〇一の方法』といったようなタイトルの自己啓発本が世に出て、「他人との違いを演出することが繁栄のカギである」と説いている。また、インターネットでも無数の自己啓発ブログが「他人に注目される人生を送れ」と読者に語りかけている。

これらがまじめで分別のある自己演出（幸いにも「金魚」を使う必要のない演出）を奨励している限り、自己の社会的価値を押し上げる効果が期待される。また、世の流れに無批判に従うのではなく、自らの努力で他人から認められる存在になろうとする者には誰もが賛同することだろう。

しかし、そんな風潮と相いれない考えが存在するのも事実で、目立つことを勧めている本は別にして、ほとんどの自己啓発本は周囲の環境に適応し、友人や同好の仲間をつくることの重要性を説いている。そのために経験する悲しみや心配、ストレスなどはむしろ当然のものだという。実際、社会心理学では、われわれが一体感を維持することでどれほどの恩恵を受けているかについて論じた資料がたくさんある。例えば、実験社会心理学のソロモン・アッシュ教授が行った有名な同調実験では、一室に集まった参加者が長さの違う線を見せられ、長さが同じだと主張するサクラの人たちの虚偽の主張に七五パーセントが影響を受けて、自らの目を信じようとしなかったという結果が残されている。

「傑出すること」と「同調すること」という二つの相反する理念を体系的にとらえたのが、最近発表された「最適独自性理論」だ。これは極端に異常な場合とごく平均的な場合との中間に理想的なスイートスポットを探し出そう、というものである。そのために、われわれは絶えず自分たちの行動を調整しようとする。**同一性を重んじる社会で窒息しそうになると、独自性を求めて懸命に努力するが、個性の集まりの中で孤立して心細くなると既存の基準に戻って行動しようとする**のだ。

つまり、特殊性と尋常性のバランスの問題なのだ。にもかかわらず、われわれが両者を公平に見なしているとはとてもいえない。一方を称賛すれば、他方を蔑視するのである（「多くの人は静かな絶望の中に人生を送っている」と哲学者ヘンリー・デイヴィッド・ソローが書いているが、その中には体制順応派の人たちへの冷笑が見え隠れしている）。だから、つねに目立つべく努力すべきかどうかは、考えものであるといえる。中には、並みの生活を送ることを勧められる人も少なくないのだ。

いつも文句ばかり言っているあの頑固なイギリスの詩人フィリップ・ラーキンの引用など滅多にしない私だが、生まれたばかりの女児に捧げられた詩『昨日生まれた児に』は、ここで私が言う「極端な特殊性を矯正する」ヒントになるだろう。

「ありきたりのものであってくれればいい／世の女性たち同様／つきなみの才分の人間でいい／オカメでもなければ、美人でもなく／目立つようになって／釣り合いを崩すようなものにもならなくてよい／釣り合い自体は役に立たないが／それがなければほかの物が目立ち過ぎる／冴えない人間だっていい、本当に――／それがいわゆる、上手で／慎重で、融通のきく／なまぬるいが、魅力的な／幸福づかみであるならば」（『フィリップ・ラーキン詩集』児玉実用ほか訳、国文社より）

SNSのお友だち

私の身近な人たちもあなたの身近な人たちと似たようなもので、そんなに違っているとは思わない。誰にだって、良い日があれば悪い日もある。上機嫌なときもあれば、落ち込むときもある。たまには、人生の一大事に直面することもあるだろう。そんな人たちと打ち解けて、一緒に酒でも飲みながら話をしてみると、ほとんどの人が普段他人の前では見せない弱みや不安を打ち明けてくれるものだ。

　しかし、フェイスブックやツイッターなどで知り合った人たち、あるいはパーティーなどでたまに会話を交わす程度の人たちの場合は、まったく別だ。彼らの話を聞くと、平日はいきいきと働き、休暇は海岸で過ごし、申し分ない結婚式を挙げ、新しい仕事に就き、生まれてきた愛くるしい幼児に夢中になっている、という。実に幸福に満ちた人生を送っているようだ。はっきり言ってしまうと、私にとって、彼らは無性に腹の立つ連中なのだ。後で陰口をたたかれずに済むのなら、即座に関係を絶ってしまいたいくらいに。

かと言って、私が身近な人たちだけを無条件にかばっているというわけではない。私の友だちや家族でも、どうにもならない最悪の人間の集まりに思えることだってある。しかし、一つはっきり言えることは、**私が一番親しみを覚えるのは私に対して飾らないありのままの現実を見せてくれる人たち**だけである、ということだ。これは、時空をこえた真理でもある。

しかし、最近はかつてなく事態が悪化しているようだ。原因は、フェイスブックなどのＳＮＳ（ソーシャル・ネットワーキング・サービス）をはじめとする、ネットでのお手軽でスムーズなコミュニケーション手段に負うところが大きい。これらは、いわゆる「弱い繋がりの疑似的友情関係」をやたらに創り出し、それを容易に維持できる環境を整えている。そのためか、ことさらに自分を飾った人たちばかりが目に付くのである。

イギリスのオンライン・スポーツブックメーカーの経営者でありブロガーでもあるスタン・ジェームスは、自身のサイトでこう述べている。「旅行から故郷に帰ってくるたびに驚くのは、**人々のフェイスブック上での生活と、私に個人的に語る生活との間のギャップの大きいこと**である。彼らがフェイスブック上で語ったすばらしい休暇は、実は夫婦の離婚危機から逃れるための必死の試みであった、という。フェイスブックに紹介された技術会議に出席した人たちは、確かに上層階級の人々ではあるが、実はそれに先立つ数カ月間、ずっと睡眠不足に悩んだという」

実際には、幸福というのは相対的なものである。**われわれが幸福だとか、不幸だとか言うとき、大抵の人は自分の生活を周囲の人たちの生活と比較しているのだ。**

これは、「ポジティブ心理学」で昔から言われてきたことでもある。ジェームスが奇しくも言っているが、人々は自分たちをテレビに登場するスターたちと比較してわざわざ見劣りする立場に置くという過ちを犯してきている。実際のところは、スターに関する情報はすべて注意深く編集された演出にすぎない。にもかかわらず、人々はあたかもスターたちのすべてを知っているかのように思い込んでいる、という。

　ところが、ＳＮＳなどで結ばれた「中途半端な友人たち（疑似友人たち）」となると、スターたちよりもさらに性質が悪い。というのは、実際に出会ったことがあるだけに、スターとは違いお互いに相手のことを十分には知らないということをつい忘れがちになるからである。私のように相手の些細なお祝いごとなどにまったく興味のない者に対して、彼らは自分の子どものことや休暇の思い出などをこと細かく書き綴った迷惑千万なクリスマスカードを次々と送りつけてくるのだ。かといって、私は送り主の疑似友人たちを責めるわけにはいかない。なぜなら、フェイスブックなどは半ば公開され、半ば閉鎖された世界だから、仮に相手に失望したとしても、また自分がどれほどいやな思いをしていても、それらを公然と批判するわけにもいかないからだ。

　全面的に疑似友人が悪いと言っているのではない。社会学者たちが明らかにしているように、強固な繋がりと同様に「弱い繋がり」もまたソーシャル・ネットワークを強固にし、発展させる上では極めて重要なのだ。疑似友人が増えると、おそらく就職機会も増え、本当の友人を作るきっかけも、生涯の伴侶に巡り会えるチャンスも増えるだろう。

　おそらく、今われわれが必要としているのは何らかの技術的な対策なのだろう。例えばそう、「このドラマはフィクションです」というテレビの表示のような注意書きを、フェイスブックやツイッターのタイムラインにつねに表示しておく、というようなことである。

第4章

職場と自身の環境改善

——余計なストレスを排除する

社内会議はなぜ廃止すべきか？

誰もが嫌っているというのに、社内会議を廃止しようという考えは、いまだに革新的で非現実的だと思われている。だが、ウェブサイト運営で成功したジム・バックマスターのように、「いかなる会議も開かない」というシンプルな方針を掲げているような人もいる。もしあなたが会社の経営者なら、なぜ自分にはバックマスターと同じことができないのか、考えてみるだろう。ユーモア作家デイヴ・バリーに言わせると、「**会議とは、いわば会社や大きな団体がマスターベーション代わりに習慣的に行っている非常に身勝手な中毒行為である**」。

また、世界最大の家電量販チェーン「ベスト・バイ」で行われた実験についての報告書によると、「完全結果志向の職場環境」では、従業員は自らのやるべき仕事を完遂する限りいつどこで働いてもかまわないことになっている。この方針の犠牲になった第一号が「会議」なのだ、と。報告書作成者は言う。「われわれがすべき仕事について話し合うのに、なぜそんなに多くの時間を費やさなければならないのか？」。

会議が功を奏しない理由はいくつかある。経営コンサルタントのデイル・ドーテンの言葉を借りれば、「会議は、その場にいる人の中で最も動きの鈍い人のペースで進められる。だから、一人を除いてほかの全員が退屈し、自分たちが十分に活用されていない気分になる」。会議の主目的は情報の伝達だ。人々が最も効率良く情報を吸収するのは、それを読んだり、メールで議論したりするよりも直接耳で聞く場合なのだ、という思い込みが根底にあるのだろうが、実際の「聴覚学習者」はごく少数だと推定されている。パワーポイントを使ったプレゼンテーションなんかも最悪だ。二〇〇三年のスペースシャトル・コロンビアの悲惨な事故は燃料タンクのトラブルが原因だったとされているが、その原因究明に使われたスライドがパワーポイントだったためNASAのエンジニアたちが燃料タンクのトラブルに気付くまでに時間がかかった、という。パワーポイントはいろいろな情報を箇条書きの階層式リストにまとめるが、これは人間の脳の働きに最もふさわしくない方法なのだ。

問題のカギは、価値のある会議とそうでない会議を区別することにある。従業員がそれぞれの立場を述べ合う「状況報告」会議なのか？　もしそうだとすると、わざわざ会議を開くよりもメールや紙に書いたものを交換する方がうまくいくだろう。そうすることで、少数派である「優れた」会議——参加者の心と心の交流を目的とする会議——だけが生き残れるのではないか。例えばブレインストーミングなどがそうだ。

企業の経営者に対して、従業員に「やる気」を起こさせる方法を指南する本は数え切れないほどある。しかし、「やる気」が問題なのではない。**ほとんどの人は、そもそも仕事をしたいという欲求を持っている。**人々が不平をもらすのは、今している仕事が会議などで中断されたときなのだ。二〇〇六年の調査では、会議が自分たちの業務改善に役立ったと答えたのはわずか一グループだけだった。同時に彼らは「成果を追求する」ことに消極的だった。言い換えると、**会議を楽しんでいる人たちは物事を完遂することを望まない人たちなのだ。**

仕事の邪魔をされない方法

他人に邪魔されずに自分の仕事に集中するにはどうすればいいか？

とはいえ多くの人は行動科学者たちが「割り込み駆動式」と呼んでいる仕事に従事しており、随時飛び込んでくる伝言や依頼に即座に反応することも給与計算に織り込まれている。こうなったら、コールセンターのオペレーターに（それと投資斡旋の銀行マンやジャーナリストにも）頼んで、一時間ほど電話をかけないようにはさせられないものだろうか？

自己啓発の大先生たちに助けを求めてみることにしよう。

【「二分ルール」の適用】

生産性に関するコンサルタントとして世界的な権威であるデビッド・アレンが言い出したのは、一見馬鹿みたいに単純だが、あなたの人生を本当に変えてしまうほどの影響力のあるアイデアだ。それは、「**二分以内でできると思うことは、ただちに実行しなさい**（その他のことは、メモにして後で実行しなさい）」というもので、ここで重要なのは「二分」という時間である。それはあなたが今行っている仕事の感覚を失わずにいられる時間なのだ。心理学者で「割り込みに詳しい科学者」でもあるメアリー・チェルヴィンスキーが発見した事実に鑑みても、これは重要なことだ。彼女が発見したのは、一旦仕事を中断された事務員のうち、所定の時間（二分）が経つといざ再開しようとしたときに元の仕事に戻れなくなってしまう人が四〇パーセントもいた、という事実だった。

【他人の視線を避けるために有効な物を使う】

机の上に鉢植えを置いたり、本を積み上げたりするのは、必ずしも同僚の視線をそっくりさえぎることにはならないが、そうした単なる象徴的な存在でも、人々は意外に敏感に反応するものなのだ。私は、特大のヘッドホンをつけて何日もオフィスで過ごしたことがある。面白いことに、誰が見ても電源に繋がっていないことは明らかなのに、一人として私の邪魔をする者はいなかった。

【自ら作業を中断しないこと】

注意散漫の主因がネットサーフィンであるなら、**ブラウザの優先サイトを調整すべき**だろう。あなたのホームページをブロガーのマーク・トウによる「仕事に戻れ」というページに設定するといい。そこには、「仕事に戻れ」と大きな字で書かれており、あなたがしようとしていることを明示し、かつ監視するという優れたシステムが組み込まれている。これによって、あなたは現在していることを今まで以上に鋭敏に意識して、これまでのような、集中しているのでもリラックスしているのでもない中途半端な時間を大幅に短縮することができるというわけだ。

ほかにも、仕事の邪魔をされないようにする方法はいくつかある。中には、気の弱い人には向いていない方法や、あなたの社会的立場にマイナス効果をもたらすような方法なんかもある。私があなたに勧めるとすれば、ブルーチーズを机の上に置いておくことくらいかな。

どうでもいいことだけが議論される法則

イギリスの作家C・ノースコート・パーキンソンは「仕事の量は、完成のために与えられた時間をすべて満たすまで膨張する」（パーキンソンの法則）という格言を残した（もっとも、彼がこの法則を考え出すのに一生かかったわけではないので、この格言の正しさを自ら実証したことにはならないのだが……）。パーキンソンはこのほかにも、会社生活における数々の不合理でバカバカしい行為に鋭い洞察の目を向けている。例えば、彼の著書**『パーキンソンの法則』**（森永晴彦訳、至誠堂）には、この「パーキンソンの法則」ほど有名ではないが、同様に的を射た「パーキンソンの凡俗法則」というのが紹介されている。

　この法則は、ある会社の幹部が集まって二つの新規プロジェクトを検討するという架空の物語の形をとっている。一つは原子炉の建設、もう一つは会社の自転車置き場の建設だ。原子炉は複雑で膨大な金がかかるし、専門外の人間が議論したところで困惑を招くばかりだ。だから会議でも積極的に発言する者が少なく、議案は二分半で承諾された。しかし、自転車置き場となると知らない者はいないし、誰もがそれぞれの意見を持っている。「自転車置き場は一時間半ほどかけて議論され、それでも結論が出ず、さらに多くの情報を集めることとして次回に持ち越されるだろう」と、パーキンソンは書いている。

　これは「自転車置き場の議論」として知られるものだ。**あることに費やされる時間はその費用と重要性に反比例する**、というのである。些細な事項が些細でない事項を容赦なく締め出していく。原子炉に、もし何らかの技術的な見落しがあればメルトダウンを起こすかもしれない。でも、そんなことは気にしなくていい。今まであれこれと時間をかけて専門的に検討してきた膨大な量の社内文書があるので、それをさらに吟味すればいいことだ。

　このことは重要性の最も低いことがやたら頻繁に注目の的になる政治やマスコミの世界にも通じることだが、パーキンソンの論点は単に「小さなことならあまり怖がらずに取り扱うことができる」ということだけではない。誰もがやっていることだが、メンバーの一人ひとりが個々のエゴに駆られて動く場合、**それぞれのエゴが無意識のうちに共謀し、あまり重要でないことがその焦点になりがちだ。**各人は、自分がプロジェクトに参加し、十分注意を払いながら、事態の改善に尽くし、「付加価値を与えている」ことを、上司や自分自身に対して誇示したいと願う。

　しかし、自分たちのよく知らない複雑な問題については、それができない。恥をかく恐れがあるからだ。また、自分たちの専門事項についても人々は長々と話したがらない。専門外の人からあれこれと細かく詮索されたくないのだ（パーキンソンの例で言うと、原子核の専門家は口を閉ざして一切発言しない。「専門家は、原子炉とは何かの説明から始めなければならない。そして、それを聞く人は誰も、そんなことを知らなかったなどと認めようとしない。だから、何もしゃべらない方がいい、と考えるのだ」)。はっきり言ってしまえば、どうでもいいことだけが議論されるということだ。

実際、それが些事であるからという理由で夢中になるのは、われわれの人生にはよくあることだ。パーキンソンの凡俗法則は、「学問的な机上の政策は、利害関係が少ない分かえって性質が悪い」という辛辣なコメントを思い起こさせる(一般には、冷戦時代のアメリカ国務長官ヘンリー・キッシンジャーの言葉とされている)。この見解は、間違いなく、一般企業の経営戦略にも適用される。また、私自身にも思い当たることがある。それは私が作成した「やることリスト」の中で本当に重要ないくつかの仕事を手つかずのまま残し、多くの些細な事項ばかりを何とかして実践したときに感じる幻想の達成感である。とにかく、パーキンソンの二つの法則は、いずれも皮肉たっぷりではあるが、些細な忠告でないことは間違いない。われわれが今行っている仕事は、与えられた時間をすべて満たすまで膨張する——そして、その仕事はというと、多くの場合は最も重要な仕事ですらないのだ。

専門性を追求しないことのメリット

ユートピア(完全な社会)では、専門家になろうと思う人などいない、とカール・マルクスは書いている。「今日はこれ、明日はあれ、と気の向くままに過ごせばいい。朝には狩りをし、午後には魚を釣り、夕方には家畜の世話をし、夕食後には一日を反省するだけでいい。何も専門の狩人や漁師、牛飼い、評論家でなくてもできる」（マルクスの一八四五年の著作『フォイエルバッハに関するテーゼ』より）。このように専門性に否定的な考え方は、取り立ててマルクス主義的というわけではない――古代ギリシア時代やルネッサンス時代にもあった考えである。

しかし、今の世の中で、どう探してもこのアンチ専門性を見つけることのできない場所がある。書店のビジネス書コーナーだ。そこでは逆に、何かに焦点を当てること、つまり「専門性」がポイントになっている。言い換えると、あなた自身の「目的」を明確にし、「最優先課題」を執拗に追求し、自分の「パーソナル・ブランド」を育てることに重点が置かれているのだ。そこでは専門性が幅を利かせている。

しかし、ここで問題になるのは、ビジネスの世界ですら、自分自身の最優先課題が何であるかを認識していない人が多いということだ。その反面、そんなことではいけない、そんな優柔不断な姿勢ではいけない――という教育も受けてきた。これを煽ってきたのは言うまでもなく、ストレスの原因となるたくさんのビジネス書だ。それだけではない。**「キャリア」という強烈な概念が一人歩きし、専門性を尊ぶ世相を生み出した**といえる。

ところが、これに異論を唱えている人物がいる。実業家でキャリア・コンサルタントのバーバラ・シャーである。彼女はその優れた著書『Refuse to Choose!（選択を拒め！）』の中で、「一般に通用している見解は議論の余地がないように見えるが、決してそうではない」と書いている。彼女が言う一般に通用している見解とは、「もしあなたが『何でも屋』ならば、あなたはどんなことにも精通していないことを意味する。あなたは好事家あるいは道楽人で、表面的な人間であり、まともな経歴の持ち主とは言えない」というものだ。

しかし、シャーは、あらゆることに興味を示し追求しようとするタイプの人たちを「スキャナー」と呼び、専門家たちの中にあっても活躍できる数多くのテクニックを持つ者だとして評価している。彼女のおかげで、日頃から落ち込んで自己憐憫に陥っている「万能型」の人たち、つまり「多方面に能力のある人たち」の気持ちがどれほど慰められたことか。

シャーは「自分たちがスキャナーであると自覚するだけで、それまで抱いていた自分自身への過小評価、恥辱感、挫折感……などがすべて消え去り、自分以外の誰かのようになりたいなどとは思わなくなる」と報告している。

何はともあれ、**「一点集中主義」は人々の行動を阻害する**ものだ。あなたが、一人一つの仕事しかできないという考えを根底に持っており、シナリオライターになるためには今の弁護士の仕事を諦めなければならないと考えている限り、あなたはおそらくシナリオライターの肩書を手にすることはないだろう。しかし、あなたが実際に一時間でもシナリオを書いたとすると、あなたはすでに立派なシナリオライターなのだ。

もちろん、われわれには仕事があり、仕事以外にしなければならないこともたくさんある。だから、それ以上に詰め込むには限度がある。だが今や、われわれは専門性が本質的に優れているのだという考えを捨てて、新たなスタートを切ることができたのだ。だからこそ、せっかくつかんだチャンスを生かし、あらゆることに興味を抱いて、新しいことに挑戦するスキャナーの精神こそ尊重しなければならない。にもかかわらず、「たくさんのことをやるよりも、できることを二つ三つだけやる方がいい」などと、自分に言い聞かさなければならない、とは何ともおかしな話ではないか。

そうそう、「何でも屋」という呼び名についてだが、俳優として活動しながら劇作家として頭角を現していったシェイクスピアだって、かつてはそう呼ばれていたのだ。それにもう一人、かの有名な「道楽者」——と私はあえて呼ぶことにする——レオナルド・ダ・ヴィンチだっているではないか。

本当のリーダーシップとは（存在しないかもしれないが）

さまざまな組織について深く研究してきたあの偉大な思想家ピーター・ドラッカーは、晩年になって皮肉たっぷりにこう語っている。「『リーダーシップ』というのは、まったく不思議でとらえどころがない。それでいて魅惑的で、誰からも慕われる概念である。私は、その研究におよそ半世紀を費やしたが、いまだに多くを語ることができない。リーダーについて唯一言えるのは、『リーダーとは追従者を持っている者をいう』という定義ぐらいだろう」。

リーダーシップについての議論はいつも堂々巡りするばかりで、ちっとも結論が出ない。そこに付け込んで、**知ったかぶりをした「一家言の持ち主」が次々と現れ、リーダーシップの「法**

則」や「秘密」について自説を提供してきた。リーダーシップをテーマにした本を六〇冊近く書いているジョン・C・マクスウェルのような人物がその典型だろう。

この「リーダーシップ」というものは、詳細に調べれば調べるほど蜃気楼のように思えてくる。エコノミストのジョン・ケイは、その興味深い著書『**想定外　なぜ物事は思わぬところでうまくいくのか？**』（青木高夫訳、ディスカヴァー・トゥエンティワン）の中で、一九八〇年代にアップル社のトップの座に君臨したジョン・スカリーを引き合いに出している（ちなみに、リーダーシップの隠れた特徴に、ジョンという名前の人がたくさん関与している、というのがある）。スカリーの経営は大成功を収めていたが、ある日突然崩れ落ちた。急落する業績を前に、彼は辞職を余儀なくされ、マスコミはスカリーについてあれこれ報じた。スカリーはかつての優れた経営手腕を失ってしまったのか？　あるいは初めから二流の経営者だったにもかかわらず、実力以上の地位に押し上げられていただけなのか？　ケイの見解はいずれとも異なるものだ。たまたまスカリーがトップだった頃のアップル社には、彼のコントロールできない外部の技術・経済・文化的な力が働いており、それらが会社の運命を決定していたのではないか、と彼は記している。

ケイは、哲学者アラスデア・マッキンタイアの言葉を引用する。「一部急進的な批評家も信じているようだが、大企業の社長たちがアメリカという国家を支配しようとしない主な理由は、自分たちの会社すらうまくコントロールできていないからである。実際には優れた統率力や技術力を内に秘め、会社を立派に経営する実力を備えた人物もいる、などと言われても、にわかには信じられない。これまで目にしてきた企業経営者たちは、予想よりも早く終わりそうな干ばつ明け直前に雨乞いをする運のいい牧師のような人たちばかりだったからだ」

しかし、これはあまりにも極端すぎる話だ。例えばスティーブ・ジョブズのような非常に個性的で抜群の才能を持った経営者を同列に扱うわけにはいかないだろう。世の中に熟達したリーダーとそうでないリーダーがいるのは仕方ないとして、彼らの「リーダーシップ」が何であるかを考えてみると、まるで中身の実態がよくわからない品物に、次々といろいろなラベルを貼り替えていっているだけなのではないか、と思えるケースがあまりにも多い。

これに似た堂々巡りの議論はあちこちで行われ、その結果導き出された結論のいくつかは心理学的な研究によっても実証されている。われわれがリーダーとして追従する人々は、『われわれをリードするのに必要なことを修得している』とわれわれが思い込んでいる人たちだ。われわれは慢性的に、**「ボスらしさ」を「リーダーとしての能力」と勘違いしている。**

例えば、あなたがあるグループで何らかの問題について議論しているとき、ある研究チームが発見したことをほとんどそのまま自分のものとして提案してみるといい。あなたは、その提案を実行するのに最適な人物だとみなされるだろう。たとえ、その提案が最悪のものであったとしても、だ。また、ほかの研究によると、あなたが一つの意見を三回繰り返して主張した場合、あなたの意見はグループ内の三人のメンバーが主張した意見であるかのようにみなされ、ほぼ間違いなくグループの主流意見として認められるだろう、という（「量」にはそれなりの「質」が備わっている、とスターリンが言ったそうだ）。

いずれの場合も、本当のリーダーと呼べるリーダーが存在しないと言っているのではない。だが、「リーダーシップ」として認められるような本質的な特徴を追求しようとすると、答えを得る以上に多くの疑問がわいてくる。偉大なリーダーとは、一体どんなリーダーをいうのだろう？「何とも言い難い何か」であることには違いないのだが……。

戦略的無能力――申し訳ありませんが、私にはできません

実際には能力があっても方便として無能力を装うことがよくある。いわゆる戦略的無能力というやつだが、このような言葉を耳にする機会は今まであまりなかっただろう。だが、実のところあなたには生まれたときからその達人だった可能性だってあるのだ。あなた自身がそうでないとしても、あなたの知人には何人かそんな人がいるだろう。**戦略的無能力というのは、したくない仕事をできないふりをして逃れる術**だ。

この言葉はごく最近になって『ウォール・ストリート・ジャーナル』紙で初めて使われたようだが、概念自体は人間の歴史始まって以来のものである。現代の典型的な一例を挙げると、職場仲間がコピー機の「紙詰まりを直してください」というメッセージを前にしてあたかもパニックに陥ったように芝居がかって身体をこわばらせ、誰かが近づいてきて手伝ってくれるのを待つという場面などがそうだ。あるいは、あなたが家事や日曜大工の仕事を頼まれたとき、「僕がそれをするとすべてを台無しにするかもしれないから」と言い訳をして断るのも同罪である。

そんなふうに振舞えば、あなたが仕事をこなしてくれるものと思っていた人たちは、もはやあなたに期待するのをやめて、今後は同じような仕事を頼もうとしなくなる。そして最終的にはあなたに対する評価を見直そうとするのだ。

こうした現象がたちまち発生することを、戦略的無能力の達人たちは十分に見通しているのである。だから、**結果的にあなたが何らかの行為をしなくなったからといって、それがあなたにとって不利に働くことはまったくない**。こんな言い方をするといかにも策略に長けたやり方に思われそうだが、こう考えればいい。つまり、企業の顧客関係戦略のカギとして注目されている「期待値経営」を個人用に言い直したものである、と。顧客を満足させるには顧客の満足する方法を取るのが賢明なのは言うまでもないが、顧客が**何を基準に満足感を得ているのか**に注目して、その基準自体を左右してしまおう、というのが期待値経営の基本だ。

だが、この点に関しては、われわれはあまり上手とは言えない。というのは、われわれは心底では他人を喜ばせたいと思っているからだ。それは個人的な利益を期待しての場合もあれば、エリザベス・ヒルツの言う「いい子ちゃん中毒」が原因の場合もあるが、いずれにしても結果は変わらない。ちなみに、この「いい子ちゃん中毒」というのは相手との対立を恐れ、いつも相手に気に入られようとする衝動のことだ。ヒルツは、ポピュラー心理学的な内容の著書『Getting in Touch With Your Inner Bitch（あなたの内なる悪女に接して）』の中で、この「いい子ちゃん中毒」が圧倒的に女性的な現象であると言っている。私自身は、彼女の本の対象読者層の一人だとは思っていないが、彼女の言いたいことはある意味で男女の境界をこえるものだと思っている。

こうしてみると、期待値経営は単に退屈な仕事を避けようとする怠惰な人たちのためにだけあるのではない、と言えるだろう。あなたがいつも健全な精神状態でいるためには、あなたの上司や仲間たち、それに子どもたちに対して、**あなたがいつもさまざまな要求に「はい、はい」と答えるわけではないのだと理解させることが非常に重要**になる。

他人の期待値を調整するという作業は、小さなことから始めると驚くほど簡単にできてしまう。筋力トレーニングみたいなもので、調整力を徐々に高めていくこともできる。家庭でしなければならない雑用が重荷になっていると感じたなら、その中の何か一つを選んでやめてしまうことだ。その結果どうなるか、様子をみればいい。また、オフィスで即答を求めて殺到するメールにいらいらしているときは、返事をするのを一～二時間延ばすといい（たとえ、そうしなければならない理由がなくても）。間髪を容れずに返事をくれる人よりも、二四時間以内に必ず返事をしてくれる人だという評判を得る方がよほど賢いやり方だ。前者だと認識されれば、瞬時に返答しないと働きが悪いという印象を与えてしまうだろう。こうやって、**他人を喜ばせようと躍起になる人は、そうじゃない人よりも結果として相手を悩ませることになってしまうのだ。**そんな不公平なことがあっていいものか。気付いてよかった。

仕事と娯楽のけじめはつけられるか

　近頃の日常生活では、ますます多くの仕事に自由時間が浸食されて、仕事でも娯楽でもない、焦点が合わなくてもやもやとした気分になる時間が多くなってきている。そんな現象をうまく表現する言葉はいまだ見つかっていないが、最近アメリカ人社会学者のダルトン・コンレイが「ワジャー（weisure）」という新語を考え出したようだ。これは「仕事（work）」と「娯楽（leisure）」を重ね合わせた言葉で、見るからに醜悪な新語だ。

　コンレイによると、ワジャーというのは、従来完全に分離していた二つの世界が何となく混ざり合っている状態である、という。一世代前に比べると、人々は仕事を通じて互いに親密な関係を築く機会が増えている。一方で、かつての大企業みたいに休憩時間と仕事時間とを明確に区別しているような会社は少なくなってきている。ワジャーを話題にした本が爆発的に売れたことからもわかるように、ネットワーク作りは予想をはるかにこえて進んでいる。これは個人的友情と仕事関係の境界をぼやかすことによって新たに生じた概念なのだ。

　ワジャーの世界はエネルギーを大量に消費する。対策として自己啓発が作成する処方箋は、増える一方の仕事量から個人生活をいかに守るか、という護岸工事に焦点を当てる傾向が強い。例えば、携帯電話のスイッチを切っておくとか、強い意志を持って帰宅時間を厳守するとかいったものだ。もしそれらが可能なら結構なことだが、問題なのは仕事への対策に終始していて、もう一方の主役である娯楽については考慮していない、という点だ。

　ビクトリア朝時代以来、**娯楽にはつねに否定的なイメージがつきまとっていた。今だって仕事とは対照的な「非労働」として定義されている。**つまり娯楽というのは、ある程度の金を儲けた結果として獲得できるもので、それ以上働く必要のない状態を意味している（だから失業者の持つ自由時間を娯楽時間と呼ぶのはおかしい）。言い換えると、これは安易に仕事に取って代わられる性格の時間ではない、ということだ。仕事に対して「いつでも侵入してきてください」と言わんばかりの「空白時間」ととらえるべきものでは決してない。

　とは言うものの、われわれの多くは、いつでも侵入者を歓迎する。サイエンス・ライターのウィニフレッド・ギャラハーは人間の注意に関する心理学として、著書『Rapt（奪われた心）』の中で（ちなみに、この本は読者の心を奪うのに十分な内容である）、「ほとんどの人は、仕事をするよりも家庭にいる方がいい、と反射的に言う」と述べている。その上で、人が時間を忘れて物事に集中しているときの精神状態、つまり「フロー」の状態についても勘案して指摘する。**「人々は仕事をしているとき、家庭にいるときよりもはるかに強く、自分の行動に焦点を当てようとする。**なぜなら、その行動は細心の注意を必要とし、自分の能力への試練であり、はっきりした目標を持って確かなフィードバックをもたらすからである。まさに最善の経験・知識が尊重される状況にあるからだ」。他方、家庭にあっては、テレビを観るのに費やした時間のわずか一三パーセントしかフロー状態になっていない、という研究の結果も出ている。われわれは、自分たちの時間を充足させてくれるものは仕事であって娯楽ではない、とわかっているのに、仕事よりも娯楽を望むのだ。

　これは何も仕事中毒について議論しているわけではなく、ギャラハーが言うように、「一日の仕事が終わった夕方や週末の娯楽の時間にも、仕事中と同様に綿密な注意を払って生産的なスケジュールを組んでみてはどうか」という話をしているのだ。とはいえ、この考えは今一つしっくりしない。**「リラックスの仕方を計画する」などというのは、言葉の矛盾である。**ようやく訪れた娯楽時間に心に浮かぶのは、これで自由気ままな時間を楽しめるだろう、という思いだ。しかし、その瞬間がやってくると、われわれが自由裁量で決めることといえば、中途半端な、辛うじて楽しめる程度の受け身の気持ちでテレビを観ることくらいなのだ。こんな世界を、「受け身(passive)」と「娯楽(leisure)」を合成して「ペイジャー(peisure)」と呼ぶことにしよう。

情報過多からの自衛策

「至急」マークの付いたメールに赤字で感嘆符が付いていたり、「どうかお読みください」などのメッセージが付いていたりしたら、数日(あるいは永遠に)放っておいても何ら問題にならないことは、誰もが承知している日常生活のルールである。そんなメールを送ってくる人の中には多分に思い上がった人たちが少なからずいて、いつでも同じ手法を使うのだろうが、ほとんどの発信者は、自らの不安定な立場を自覚しており、自分のメッセージが無視されても仕方ないことを知りすぎるほど知っているのだ。その裏返しで、感嘆符は受信者の注意を引こうとする、いわば宣戦布告のようなもので、「あなたが仕事を効率よくやり遂げるにはどんなふうに注意を配分すればいいか、私の方がよく知っているよ」と主張しているのである。

これら「至急」のメールは、今の世の中に蔓延している風土病的なもろもろの現象を唯一はっきり体現するものといえる。**受信者たるあなたの注意を引こうと、発信者の間で低レベルだが「万人の万人に対する闘争」が絶え間なく続けられている。**そして、受け取ったメールのどれを選び、どれに焦点を当てるかを決めるのはあなた自身（あるいはあなたの直接の上司）であると、あなたは信じている。にもかかわらず、実際の平均的な職場では、ほかの上司たちや部下たち、客先、その他関係者から無数の声が上がり、あなたの判断に干渉してくる。こうして、あなた自身の判断でさばき切れないメールが増え、その分あなたは忙しくなる。われわれはいつも、仕事量が多すぎると言って不満をもらすが、そのうちあなただけの裁量で進められる仕事の割合がどれくらいを占めるか、考えてみたことがあるだろうか。

　これは現代の「知識労働」が抱える典型的な問題である、と経営学の大物ピーター・ドラッカーは論じている。人類が土地を耕し、馬に蹄鉄を付けていた時代には、「今自分がしなければならない一番重要なことは何か？」という問いへの答えはいつもはっきりしていた。論争の余地はなかった。しかし、いろいろな考えがぼんやり混ざりあった世の中になると、ドラッカーの格言が生きてくる。**「もし、あなたが知識労働者なら、あなたのすべき仕事の範囲を明確に意識することが極めて重要な作業となる。**それだけではない。あなたが注意を払わねばならない対象物にどれだけの値打ちがあるのか、についてもしっかり認識していなければならない」。それらができれば、「情報過多」が不平の原因になるわけがない。もし、本当に今の世の中で膨大な量の情報を処理し切れないと言うのであれば、自然の中やにぎやかな大通りに出かけるたびに機能麻痺の状態に陥っているはずではないか。現実の問題は、われわれの注意力が散漫になることにある。われわれの気を惹く要因があまりにも多く周囲にあるからだ。

　われわれの**注意散漫を招くさまざまな要因にいかに対応するかを考えるのが、最高の「時間管理」作戦**なのだ。例えば、毎日の最初の一時間、あるいはそれ以上を使って、（その日のメールをチェックする前に）まず自分自身の重要プロジェクトにとりかかるのも一つの手だろう。そうすることで、メールに煩わされることなく、あなた自身が自分の手で車のハンドルを握り、その日のスタートを切ることができるのだ。あるいは、他人があなたの注意を引きにくくなるようにする、という方法もある（ちなみに、Awayfind.comというウェブサイトでは、休日にあなた宛てのメールを送りにくくする独創的な方法を提案している）。

　とにかく、あなたの行動を決めるのは、あなた自身にほかならない。もっとも、それは思っているほど単純なことではないだろう。

　例えば、直接の上司の命令に従わないのも、与えられた仕事を拒否するのも、現在の職場を辞めることも、あなたは一〇〇パーセント自由だ。ただ、**あなたの自由にならないのは、その決断の結果に甘んじなければならない、ということ**だけである。それはいつも選択の問題なのだ。もちろん、最悪の仕事を続けるか、さもなければ餓死するか、といった窮地に追い込まれた場合は選択の余地などなく、何を言っても慰みにすらならないが、そうそうそんな窮地に陥るようなことがないことは、よく考えてみればわかるだろう。

弱点に栓をする愚かさ

一九六九年、偏屈な性格の元学校教師ローレンス・J・ピーターは『**ピーターの法則　創造的無能のすすめ**』（レイモンド・ハル共著、渡辺伸也訳、ダイヤモンド社）という本を出版した。これは、多くの人々が抱いてきただろう「どうしてこの世の中には、自分の仕事もまともにできない『役立たず者』がこんなにたくさんいるのだろうか？」という疑問に答えるものだった。

ひょうきんだが強情で手ごわいピーターによる法則は、現実の問題を明確に特定している、ということで一躍有名になった。彼が主張するのは、階層的組織においては、人は「無能力のレベル」に達するまで出世する、というものだ。言い換えると、従業員は与えられた仕事を立派にこなすことによって次々と昇進していくが、ある時点で十分な成果をあげられなくなり、その後の昇進も保証されなくなる。この現象を考慮すれば、会社にせよ、政府機関にせよ、役立たずの連中でいっぱいになってしまうのは不思議なことではない、という。それら巨大な機械のような組織によって、人々は自分の能力をこえた仕事場へきっちり振り分けられていく。

漫画家のスコット・アダムスは、ピーターより少しばかり気の滅入らない程度の「ディルバートの法則」を発表した。それによると、企業というのは能力の低い社員を選んで系統的に経営幹部の地位に抜擢する、という。なぜなら、経営幹部は実質的に何もしておらず、ただ無害な存在だからだ、というのだ。

あなたが自分の能力をこえる仕事をあえて引き受けようとする理由は、よくわかる。報酬や世間体もあるだろう。また、自分の限界を認めたくない気持ちも大きいだろう。しかし、能力不足の問題は、想像以上に深刻化していくものなのだ。**何かをするのがひどく下手な人の特徴の一つは、自分がいかに下手くそであるかを理解すらしていない**ことだと明らかになっている。

コーネル大学の心理学者たちが行った重要研究に「未熟練とその認識の欠如」というのがある。彼らは有能な研究者たちではあるが、研究の結論は動揺させるものだった。「世界にとっての問題は、愚か者はみんな自信過剰であり、インテリはみんな疑い深いことだ」とは、バートランド・ラッセルの言葉だが、コーネル大学の研究結果もおおむねこれと同じ歩調をとっていた。いわく、「知識・見識・常識」を問う数々のテストで最悪の点数をとった連中は、自分たちの業績を最大限に過大評価している人たちだった。これに対して上位成績者には概して自分たちを過小評価する傾向が見られたのだ。

この問題を別の角度から考察したのが経営学者マイケル・ガーバーである。彼はこのテーマにすっかり夢中になり、その著書『**はじめの一歩を踏み出そう　成功する人たちの企業術**』(原田喜浩訳、世界文化社)の中で、なぜ多くの小企業が倒産するのかについて目を見張るほど簡単に論証したのである。

例えば、あるパン焼き職人がいたとしよう。彼がその技術を生かして事業を起こせばうまくいくだろうと、誰もが思っていた。そこで彼はベーカリーを開業した。しかし、パン焼き技術と事業経営がうまく繋がる必然性はなかった。実際には、根っからの職人気質の彼は経理事務などの仕事にいらいらするばかりだった。パン焼きの仕事の邪魔になると思っていたからだ。結局、彼の経理事務が改善されることはないだろう。

たとえ運よく自分の弱点を認めることができた場合でも、それに対して賢く対応できない人が多い。市場調査の専門家マーカス・バッキンガムが編集したギャラップ調査によると、**本当に成功した人はその強みを生かそうとするが、ほとんどの人はまず自分の弱点に栓をしようとする、**という結果が出ている。本来なら優れた文章能力をフルに生かした業務に専念する方がずっと良いはずなのに、人前で意見を発表するときになるべく緊張しないように一生懸命努力している人なんかがそうだ。

しかし、人は自分の弱点を月並み以上に改善しようとはしないのではないか、とバッキンガムは言う。なぜなら、せっかくのエネルギーを面白くもないことにつぎ込む気にはなれないからだ。でも、もしあなた自身、**何が苦手なのかが本当にわかっているなら、あなたはほかの人たちより一歩リードしていることになる。**少しくらいはそれを克服するために時間を費やして、せっかくのリードを投げ出すようなことはしないでほしい。

第5章

仕事をはかどらせる方法

――生産性の向上

「先延ばし症候群」の治療法

二〇〇七年の夏、「不履行問題」に関する世界一流の専門家がペルーのリマ市に集結した。「先延ばし症候群」に関する国際会議を開催するためだった。ようやくこの会議の開催にこぎつけることができたわけだが、それまでにどれほど多くの歳月がこの先延ばし症候群の犠牲になって費やされてきたことか、私には知る由もないし、今更そのことについて気の利いたコメントをする気にもなれない。ただ、この症候群の研究者たちが連日多くの熱意のない悪ふざけに耐えてきただろうことは想像に難くない。しかし、ペルーを会議の開催地にしたのは適切な選択だった。同年三月、ペルー政府は国民の間に広がっている慢性的な「時間厳守問題」に取り組み始めたばかりだった（ちなみに、この種のキャンペーンを始めるにあたって開かれた記者会見の席にも、何人かの政府当局者が遅刻してきた事実を『タイムズ』紙が報じていた）。ともあれ、いわゆる「仕事忌避」の問題についての膨大な研究結果や、何百種もの自己啓発本があるにもかかわらず、「先延ばし症候群」がいまだ一般の人々の間で誤解されたままである事実に目を向けなければならない。このままだと、先延ばし症候群を治療しようといくら試みても、逆に事態を悪化させる結果に終わるだろう。

その道の一流の研究者であるジョセフ・フェラーリ教授によると、先延ばし症候群の患者はアメリカ人全体の二〇パーセント程度らしい（アメリカ以外の国でもほぼ同じ程度と思われる）。この症候群は単なる怠惰とはまったく性質の異なるものだ。それは、もしかしたら失敗するかもしれない、たとえ成功したとしてもコントロールできなくなるのではないか、などといった恐怖に根ざした、いわば自発的な危険回避策ともいえるもので、それだけに、対象となるのはその人の人生にとって真に重要な事項であり、日頃の雑用のたぐいではないのだ。私自身、先延ばし症候群対策について書かれたたくさんの本やウェブサイトを読みながら長い間結論を先延ばししてきた。だがその結果、予想外の副産物を手にすることができたので、ここで三つばかりご紹介しよう。

❶「やる気」は行動の後に起こる

「やる気」を起こす方法について書かれた本を読み、精力的で扇動的な講演なんかを聴くと、何らかの行動を起こす前には、まず積極的な気分になる、つまり「やる気」を起こさなければならない、という気にさせられる。しかし、それは形を変えた巧妙な精神的重圧となって、かえって問題を深刻化させるという皮肉な結果に終わってしまう。もし今現在あなたの気分が優れず、また当分の間気分が晴れる見込みもない場合はどうか？ あるいは、物事を始めたばかりで、何の予備知識もないときはどうか？ こんなときに「やる気」を起こせと言われても無理な相談だろう。要するに、「やる気」は後になって顔を出すものなのだ。

❷ 抵抗心は良い道しるべ

何か仕事を始める際、「やりたくない」という抵抗感を覚えることがある。これは意味のある兆候で、あなたの心の中に恐れや不安を目覚めさせ、「先延ばし症候群」を引き起こすものである。そんなとき、「**何であれ、一番やりたくないことに挑戦しなさい**」という格言をあなたの人生哲学にするといい。作家のスティーブン・プレスフィールドが、そのもったいぶった、しかしなかなか興味深い内容の『**やりとげる力**』（宇佐和通訳、筑摩書房）という本で述べているように、「物事がわれわれの精神の進化にとって重要であればあるほど、それを実行するにはより大きな抵抗感を覚えるのである」。

❸ スケジュールは余暇のために作る

先延ばし症候群というのは、「やらなければならない」と信じることへの反逆である。自分自身の心に向かって「早くやりなさい」と叫べば叫ぶほど、この反逆心はますます強固なものになっていくのだ。心理学者のネイル・A・フィオーレは著書『**戦略的グズ克服術　ナウ・ハビット**』（菅靖彦訳、河出書房新社）で、「アンスケジュール（予定されない時間）」を維持する習慣を身に付けなさい、と言っている。どういうことかというと、余暇の活動計画は立てるが、仕事についてはそれが済んだ後で実際にかかった時間を記録する、というものだ。もし、一日のうち何時間かを仕事の時間に割り当てる計画を立てたとする。実際に働いた時間が予定より少なかった場合（仕事が予定より早く済んだ場合）、余った時間は仕事をしなかった負の時間として記録される。しかし、はなからそんな計画を立てずに仕事をすれば、仕事に費やした正味の時間だけを成果として記録することができるのだ。

メールの受信箱を空に保つ方法

「人の幸せ」について私がこれまで週刊誌に書いてきたほとんどのコラムでは、主としてほかの人たちの著作やブログを話題の中心に据えてきたが、これから述べることは間違いなく私自身がほぼ自力で成功裏に編み出した唯一の自己啓発案「人生を豊かにする作戦」である。ただ、残念なことに、一般の読者が期待するような内容ではない。例えば、充実した人間関係を構築する方法とか、今の収入を三倍に増やす方法、といったものではないことをあらかじめ断っておこう。私の自己啓発案は、メールの受信箱をいかに管理するか、という、それだけのことだ。だが、地味ではあるもののそれなりの利点があると自負している。

情報の管理については、すでにたくさんの解説が世の中にあふれているが、私がひらめいたことを具体化してくれたのは、生産性の研究で世界的に影響力を持つデビッド・アレンの著書**『はじめてのＧＴＤ　ストレスフリーの整理術』**（田口元監訳、二見書房）と、ウェブサイト43folders.comの二つだった。私の案の根底にある原則は、「受信箱にメールを溜めるな」というもので、普通の郵便物を入口のドアマットの上に置いたまま放置したり、買ってきた食糧や雑貨をショッピングバッグの中に入れたままにしないのと同じ原理だ。それらは必要に応じて処理したり適切な場所にしまったりするのが普通だが、私の場合はメールをどのように取り扱うかというのが課題なので、ここに挙げるのは、私なりに多少手を加えた方法になっている。

ステップ❶

二カ月以上も放置されたメールが何百通もある場合、例えば「厄介メール」という名のフォルダーを作ってそこに一括して投入する。その中には急いで処理しなければならないメールが含まれているとは考えられない。もしあったとしたら、相手は今までに何度も返事を督促してきているはずだ。将来、ひょっとしてこのフォルダーをチェックしなければならないときが来るかもしれないが、永久に来ない可能性の方が高い。

ステップ❷

「アーカイブ（書庫）」というフォルダーを作り、今まで項目別あるいは発信者別に保管していたメールをすべてこのフォルダーに移す。分類して保管する必要はない。なぜなら、検索機能を使えばフォルダー内から一瞬にして必要なメールを取り出すことができるからだ。

ステップ❸

受信箱に入ってきたメールを一つひとつチェックしていく。不要なメールがあれば、即刻ゴミ箱へ捨てる。必要なメールのうち、何らかの行動を起こす必要のあるものをアクティブメールとして残し、それ以外のものについて保管する価値があるかどうかを漠然と判断する。保管した方がいいと思われるメールを「アーカイブ（書庫）」のフォルダーに移す（なお、受け取ったメールのすべてに返事を出さなければならない、などとは考えないこと。返答する価値も必要もないメールがたくさんあるから）。

ステップ❹

ここで画期的なテクニックをお教えしよう。目覚まし時計かタイマーを、例えば四五分に設定してから、アクティブメールを一つひとつチェックしていく。それぞれが要求している事柄が何なのかを見極め、それが一〜二分で済むものなら、その場で対応する。もしかなりの時間と労力を要するような場合は、要求された事柄を「やることリスト」に記しておく。この四五分の作業を必要に応じて何度も繰り返す。おそらく、第一ラウンドで相当数のメールが処理されることに驚くだろう。

ステップ❺

現在進行中のプロジェクトに関するメールがたくさんあり、それぞれが一〜二分で処理できない場合は、それらをプリントアウトして、プロジェクトのほかの資料と一緒に保管しておく。そこで必要とされる事柄を「やることリスト」に記すことを忘れないように。

ステップ❻

今やきれいに整理された受信箱に残っているのは、未処理のアクティブメール、返事をするのに時間がかかるメール、その二つだけだ。これらを処理するのに何らかの秘訣があるわけではないが、すでに除去したメールに煩わされることなく、個々のメールに集中して取り組むことができるのは大きなメリットだろう。

こうして、最終的には受信箱を空にできるという寸法だ。しかし、受信箱をつねに空っぽにしておくことにこだわるあまり、メールを受信してすぐに処理しないと気が済まなくなるのは、何も生産性オタクに限った話ではない。あなただって、この異様な魅力に惹かれて中毒症状を起こすこともあるかもしれないのだ。

究極の「やることリスト」

まだ「やることリスト」を使用したことのない人がいると聞くと、私はいつもびっくりしてしまう。彼らは朝起きてから夜ベッドに入るまで、一日中何かしらをして過ごしているのに、ノートやメモに仕事の予定を書いたり消したりすることも、ましてやマジックペンやポストイットを使ってカラフルなスケジュール表を作るなんてことはしたことがないのだろう。そんな人たちの目には、われわれのようにタイム・マネージメントに従って生活管理をしている人間は奇異な存在に映るだろう。私は最近、いろいろな種類の「やることリスト」を比較してそれぞれの長所・短所を検討しているが、こんなのは彼らにとっては恐怖でしかないだろう。そうした人たちは明らかにわれわれとは異質の存在で、私がこれからお話ししようとしていることの対象者ではないことを申し上げておこう。

さて、定期的であれ、散発的であれ、「やることリスト」を作成している人たちは、時として複雑な気持ちに追いやられることがある。例えば、**「やることリスト」のとおりに仕事が完了しなかったり、朝作ったリストより夕方のリストの方が長くなっていたりすると、敗北感や挫折感に襲われる**ことがある。われわれが「やることリスト」を利用するのは、集中して仕事をするためであり、そこで大切なのは「自発性」である。リストの作成者がリストに支配されるようでは困るが、現実は先述のとおりである。また、リストを作成することは「先延ばし症候群」や「優柔不断」の一端であることも何となく理解できる。リスト作成は建設的な作業のようで、実はそうではないのだ。

それでは、「やることリスト」を気持ち良く作成し、利用する方法はあるのか？　ストレスを増やすことなく、自発性を殺すことなく「やることリスト」を活用するにはどうすればいいのだろう。いろいろな意見があるが、ポイントは三点に絞られる。

❶ 一つのリストを複数目的で利用しないこと

あなたがやろうと決めた事柄の備忘録リストを、その日にやらなければならない仕事の手順書としても利用してはいないだろうか？　もしそうなら、それはストレスを溜める原因であり、その日の仕事の達成感を妨げるものだ。**ここでいう達成感とは、その日に完了した仕事をリスト上**

から横線で消し込むときの快感である。この対策としては、二種類の「やることリスト」を作ることをお勧めする。一つは「マスターリスト」、もう一つは「デイリーリスト」という具合に。前者は簡単に達成できない目標のリストに、後者はその日のうちに完遂できる仕事だけを連ねたリストにするのだ。

② 「やることリスト」と「やりたいことリスト」

デイリーリストを作成するときに注意しなければならないのは、自分の能力を過大評価しないことだ。つまり、「やらなければならないこと」をせいぜい三つか四つ選ぶ代わりに、「やりたいと思っていること」を多数（例えば二〇もの項目）リストアップするようなことは避けなくてはならない。さらには、緊急の場合を除いてその日予定していた仕事に新しい仕事を追加しないことも大切だ。

重要なのは、**その日のうちに必ずやり遂げる自信のあるものを選ぶこと**で、たとえそれが数時間で完了する仕事であってもかまわない。その結果時間の余裕ができれば、マスターリストから適当な仕事を選んで実行すればいいのだ。

③ デイリーリストは自己完結型にすること

新しい仕事が次々と押し寄せてくるとき、緊急案件を除いて、それらをそのままその日のデイリーリストに付け加えてはならない。一旦作成された**デイリーリストはつねに排他的で自己完結**

型でなければならない。新しい仕事はマスターリストに書き込めばいい。もっとも、すでに完了している仕事をデイリーリストに書き加える人がいる。かく言う私自身もその一人だった。リストに書かれた仕事を横線で消し込むときの快感を味わいたかったからだ。悲劇の主人公のようなリスト作成者が、そんなふうに自らささやかな楽しみを作り出すことくらい、許されるべきだろう。

日常生活の記録を取る

二〇〇四年のアメリカ大統領選での私のお気に入り候補は、フロリダ州出身の民主党上院議員ボブ・グラハムだった。彼の政策は決して明瞭とは言えなかったが、彼には私の心を惹きつける一つの習慣があった。それは、色分けされたノートに毎日の生活記録を分刻みで記録するというもので、例えば「午前七時～七時四〇分——台所にて、コーヒーを沸かし、朝食をつくって食べる（大豆、スキムミルク、オレンジジュース、桃、バナナ、ブルーベリー）」とか、「午後一時三〇分～一時四五分——映画『エース・ベンチュラ』のフィルムを巻き戻す」などと記されている。しかし、こんな「心理的奇行」とでもいうような穏やかなものであっても大統領になるためには不利に働いたようで、彼は間もなく選挙戦から脱落していった。几帳面な性格の人々はみんな彼を応援していたというのに、残念なことだ。

確かにグラハムの場合はやりすぎの感が否めないものの、日常生活のさまざまな面を記録に取るということは、驚くほど力強い実践になるに違いない。それは、記録した内容に価値があるからだけでなく、**記録を取る行為そのものがさまざまな心理学的効果を生む**からだ。生産性の専門家はアドバイスする。「数日続けて行動を詳しく記録しなさい。そうすると、あなたはその記録をより効率的に利用しようとしていることに気付くだろう。また、何を食べたか、記録しなさい。そうすると、あなたは、特別なことをしなくても、絶えず健康的な食事をしようと心がけていることに気付くだろう」（私も二つのアドバイスをそれぞれ三日かけて実践してみた。行動記録からは、その都度空費される時間を知らされ、おおいに役立った。ちなみに、その効果は三日間をこえて持続した。食事の記録は、私を苦もなく健康オタクに変身させたが、その持続期間は行動記録に比べてはるかに短命だった）。

これは、一九二〇年代から一九三〇年代にかけてシカゴの工場で観測された「ホーソン効果」の個人版である。ホーソン効果というのは、ハーバード大学の研究チームが、従業員の生産性を高めようと、休憩時間の長さを変えたり、照明や温度、その他さまざまな要因を変えてみたところ、多くのケースで生産の向上に繋がり、もろもろの要因を元に戻しても改善傾向が続いた、という現象である。この研究チームが下した結論は、**人々が誰かに観測（監視）されているという事実だけが彼らの行動を変える要因**だったということだ。（言い換えると、人々が行動を根本的に変えたのは休憩時間や照明や温度のためではなく、監視者の高い関心を意識したのが原因であるという、いわゆるホーソン効果が証明されたのである）。それ以来、この研究結果について、たくさんの疑問が提起されただけでなく、労働者たちを厳重な監視下に置くための口実として利用されたことも、容易にうかがい知ることができる。しかし、団体ではなく一人ひとりの心理を技術的に検討してみると、それまでの**無意識の行動を徐々に意識化させる**ことで、ホーソン効果のような現象が普通に起こり得ることのようにも思える。

この無意識の意識化という考え方は、仏教の「気付き」と共鳴するところがある。この概念は、瞑想の教師でもある作家のシルヴィア・ブーアスタインが「一日中、つねに注意を払う訓練」と呼んでいるものだ。初めてこれを知った私は、なんて面白味のない考えだろうと正直思った。自分の動きのすべてを過剰に意識することで、いわば自己監視の強迫観念に取り憑かれた状態に陥り、リラックスする余裕なんてまったくなくなるのではないか、と想像したからだ。事実そのとおりだろう。ただ、自分自身の行動を裁判官のように情け容赦なく一つひとつチェックするなら、という条件が付くがね。「個人的なホーソン効果」を経験して言えるのは、何も裁判官みたいに厳しく物事を判断する必要はない、ということだ。**自分の行動をただ単に観察するだけで、より良い行動が自然に生まれてくる**ものなのだ。ちょっと注意を払うだけで、十分に。

斬新な発想はどこで生まれるのか？

SF作家のニール・ゲイマンがインタビューでよく受ける質問は、「あなたはどこで斬新な発想を手に入れるのですか?」という例のうんざりする質問だった。彼はいつも「ボグナー・リージス（イングランド南西部の保養地）の小さなアイデア・ショップからさ」とひょうきんに返していたが、それもだんだん陳腐になってきた。そこで最近では「自分の頭で考え出すのさ」と答えるようにしているが、人々はこの回答が気に入らないようだ。「みんなは満足してくれない。まるで私が何かいいかげんなことを言って、彼らの注意をかわそうとしているかのように思われている」とゲイマンはエッセイに綴っている。だが本当のところ、自分の発想がどこから来るのか、それはゲイマン自身にもわからないことなのだ。

今までの歴史をひもといても、独創的な人たちはみんな、同じようなことを言っている。にもかかわらず、世の中には「新しい発想を生み出すにはどうすればいいか」などと題した大衆向けの心理学の本が氾濫していて、そのいくつかはびっくりするほど退屈な内容のものだ。そもそもこの「独創性」についてわれわれが間違った方向で解明しようとしていたら、どうだろう？

従来流行していた型にはまらない「青空思考」は今や陳腐化してきており、それに代わる新しい独創的思考を求めているが、今日のビジネス界では「**独創性は一定の制約のもとでのみ生まれる**」**という主張が業界を席巻しつつある。**

「それでは、『制約』というものの中に、最高の独創性を引き出す何かがあるのだろうか」と、作家のスコット・バークンは思いを巡らせた。優れた俳句やソネット（ヨーロッパの定型詩）について考えてみれば、その答えが見えてくる。新しい発想法を触発するのは、一定の「形式」によって課せられる制約なのだ、と。だとするともはや、職場では無制限のブレインストーミングなど許されないだろう。最高の答えを求めるなら、問題を絞り込んで考えるべきで、また時間制限を設けるのもいいだろう。グーグルでは、ある問題を解決するのに、必要に満たない人数のエンジニアを配置することによって、各人の創造力を鼓舞していると言われている。

さらに言えば、「青空」が暗に意味するのは、発想はどこからもやってこない、ということだ。実際のところ、**いかなる発想もほかの発想との組み合わせでできている**、とバークンは言う。「同じことを五度繰り返して言ってごらん。どれほど独創的なことでも、既存の小さな発想の集まりに分解されてしまう。自動車はエンジンと車輪に、電話は電気と声に、といった具合だ。もし、あなたが単なる消費者ではなく創造者になりたいなら、今現在この世界に存在する考えは将来再使用されるのを待っているネタの集まりだと考えなさい」

彼の言葉に従えば、あなたはプレッシャーから解放されるだろう。もう青空に向けて自分自身を打ち上げる必要も、希薄な空気から発想を集める必要もなくなるからだ。実際、そんなことをしたところで、そもそも成功するわけがないのだから。

台所用タイマーを使った仕事術・その1

二〇〇六年、『オックスフォード英語大辞典』担当の専門家によって、「ライフハック」という言葉が「今年の言葉」に選ばれたことが発表された。この時点ではもうすでに絶頂期を相当過ぎていたのだろうが、私はそれ以来すっかりこの言葉の虜になってしまった。ウェブの大家ダニー・オブライエンが考え出した言葉で、もともとはコンピューター用語だった。プログラム上の問題をすばやく荒っぽく解決することを意味する「ハック」から、日常の、より多くの仕事をより少ないストレスで処理するための、粗雑だが工夫に富んだ智恵や技法のことを指すものとして命名されたそうだ。

　そこで、私がコンピューターオタクたちから教わった感動的なライフハックを二つお教えしよう。彼らは台所用のタイマーを愛用する。安くて操作が簡単だからだ。あなたもそれを使って自分の頭脳を思うがままに操ることができるのだ。

【骨の折れる仕事に挑戦するときに】

　優柔不断の原因のひとつは恐怖心だ。ひとつの仕事が長引きそうだとそれだけ恐怖も増大する。そこで、生産性の専門家マーク・フォースターは「Get Everything Done（すべてをやり切る）」というブログの中で、そんなに**手ごわい仕事なら五分という時間に限って**「**集中攻撃**」してみてはどうか、と勧めている。五分というわずかな時間なら怖がることもない。なにより良いのは仕事の進行度や完成度に対する脅迫的な意識を和らげる効果があるということで、「どうしても立派に仕上げなければならない」といった意識から「五分間にできるだけのことをやってみよう」という気持ちに切り替えてくれるだろう。もし、このやり方に慣れたら、「時間を一〇分に、あるいはそれ以上に延ばしなさい」とフォースターは勧める（なお、チクタクと音のしないタイマーがあればベストだろう）。

【単純作業のスピードアップに】

あまり難しくなく、退屈なだけの仕事なら、**必要と思われる時間よりもずっと短めにタイマーをセット**し、きびきびと作業するといい。それが家事なら、あなたの動作は早送りしているみたいに見えるだろうが、誰に見られているわけじゃないし、気にすることはない。私が調査したところ、ある無気力な独身男性が住んでいる市営住宅なら、この方法だと二〇分もかからずに掃除を済ませることができると判明している。肝心なのは、あなたが考えるより少ない時間にタイマーをセットするという点だ。通常かかる時間の二五パーセントを目指そう。四時間かかる雑用なら、六〇分にタイマーをセットしよう。

いつも予定どおりに完成できないのはなぜ？

人間をはじめとする生物の認知機能を解明しようとする「認知科学」の専門家ダグラス・ホフスタッターが考案した、「ホフスタッターの法則」というのがある。これは「**計画中のどんな仕事も完成には予測以上の時間がかかる**――たとえ、このホフスタッターの法則を計算に入れても」というものだ。つまり、あるプロジェクトが予定時間を超過しそうなとき、それを考慮して計画を立て直したとしても、今度はその新しい計画の予定時間をオーバーしてしまうのを避けることはできない、というのだ。

われわれには、物事にかかる時間を過小評価するくせがある。シドニー・オペラハウスの開場が予定より一〇年も遅れたのも、ロンドンの新ウェンブリー・スタジアムの開設が当初予定された二〇〇三年から二〇〇五年、さらに二〇〇六年に延び延びになり、ようやく二〇〇七年に完成したのもそのためだ。それはまた、われわれが毎朝早く起きて作成する「やることリスト」が同じ日の夕方にはあきれるほど馬鹿げた結果に終わってしまう理由でもある。

これは「計画の誤謬」といって、多くの心理学者が立証して文書に残しているものだ（おそらく、彼らの実験も予定より随分時間がかかっただろう）。これは不思議な錯覚のようにも思えるが、そうではない。われわれは、何事を完成させるにも予測以上の時間がかかることを十分に理解していながら、いざ何かをしようとすると、いつもそのことを忘れてしまう、というのが真実のようだ。

ある研究で、学生たちにエッセイを書かせ、いつまでに仕上げるつもりか事前に質問したところ、平均して締め切りの一〇日前までに仕上げたい、という答えだった。ところが、彼らが実際に書き上げたのは締め切り前日だったという。あとになって学生たちにあらためて質問したところ、**「締め切り前日までかかることは最初からわかっていた」と、全員が答えた**そうだ。

ここで、「計画の誤謬」について、少し考えを巡らせてみよう。もしわれわれが毎日作る「やることリスト」がいつまでたっても達成不能なことばかりだとなると、人生の喜びも楽しみもなくなってしまう。また、仕事に要する時間を少なく見積もることは、物事を早く終わらせようと急ぎすぎるあまり良い結果を生まないということにもなりかねない。どうしてそうなってしまうのだろう。

　通常われわれは、プロジェクトの計画を詳細に作成することに意義を感じている。プロジェクトをいくつかに分割し、それぞれの部分がどれくらいの時間を要するのか見積もってみる。しかし、どれほど細かく検討して立てた計画でも、予測不能な事態まで考慮に入れることはできない。これに関して、意思決定理論の研究者であるエリエゼル・ユドコウスキーはブログにこう書いている。「常識的な考え方に反しているかもしれないが、あまり詳細にこだわらない計画を作成すればいい。個々の明細など考えずに、過去に経験した類似の出来事を思い起こし、おおざっぱに自問自答するだけでよい。まず、『なぜそんなに長く時間がかかったのか』と自問するだろう。そして『普通なら、そんなにかかるはずはない』と考えるが、『もっと短い時間でできると考える根拠が見当たらない』という反論が返ってくるだろう。とにかく、今のあなたの意思に沿わないが、過去の実績が真実なのである。そのつもりで対処しなさい」。

　とはいえ、もっと良い方法がある。できることならまったく計画など立てないことだ。「構え、撃て、狙え！」、つまり「まず構えて撃ってみて、少しはずれていたらそれを調整してまた撃つ」といったふうに、**考えながら、動きながら、進路を調整すればいいのだ**。このやり方の一番の利点は、いち早く本当のフィードバックを得ることができるという点だ。例えば、新規ビジネスを始めたとして、前もって広告や宣伝に金を使い、客先の反応を確かめる必要などはないのだ。やっているうちにわかってくることだから。

ホフスタッターの法則になじまない風変わりな仕事にも、このやり方は役立つ。何週間もあれやこれやと悩んでいた仕事が一〇分で片付いてしまうようなケースだってあるだろう。時には、こんな方法が物事をやり遂げる秘訣にもなるのだ。

創造的な暇つぶし

書籍を種類別に分類する際、「著者ポルノ」と俗称される項目がある。これは、著名な作家たちが自らの日常生活についてあれこれ綴った本のことで、例えばどんなペンを使っているか、どこで何時間過ごしているか、といった類のことが書かれているものだ。特に、人里離れた山頂の小さな家で、誰にも邪魔されることなく、この上ない幸せな朝の六時間を過ごしている……などといった話は、少しでも創作にかかわる仕事をしている人にとっては垂涎ものだろう。そんな恵まれた環境で仕事をしている作家には、いまだにお目にかかったことがないが。

それに比べてわれわれの日常生活は、ブロガーのマーリン・マンが「すきま時間」と呼ぶ数分単位の時間に振り回されているのが現状だ。例えば、医者の外科手術を待っている時間とか、約束の時間に遅れた相手を待っている時間とか、直前になって延期された会議までの時間とかである。

これらの**「すき間時間」は無為に浪費するしかないように思われるが、決してそうではない。**

例えば、詩人のウィリアム・カルロス・ウィリアムズは、小児科医として働いている時間にできるちょっとした空き時間に処方箋の裏側に書き付けた文章で彼の全作品の大部分を構成しているという。これからご紹介するのは、すき間時間をいかに活用するかについて書かれたさまざまなブログや自己啓発書を読んだ私が、そのエッセンスをまとめ、読者の皆さんが列車を待つ三分間に読んで消化できるよう圧縮したものである。

【大プロジェクトの謬説《びゅうせつ》に惑わされるな】

重要な案件には、多くの時間と途切れることのない集中力を注ぐ価値がある（だから、なかなか完成しない）と、われわれは思い込んでいる。しかし、短時間で一気に仕上げても一向にかまわないような大プロジェクトもたくさんある。作家のG・K・チェスタトンの言葉を思い起こしてほしい。「するだけの価値のある仕事は、仕上がりがどうであってもやっただけの価値がある。まあまあの状態の仕上がりで満足するか、それとも立派に仕上がる前に死ぬか、のいずれかを選択しなければならない」。

【仕事はまとめて処理する】

いくつかの似通った仕事、例えばメールに返事を出すときなどは、一塊のメールをまとめて同時に処理するのがいい。実際の職場で調べたところ、**作業を切り替えるのに要した時間の累積が一日の労働時間の大きな部分を食いつぶしていたこと**がわかった。あなたのライフスタイルが休憩なしの長時間作業を苦にしない場合でも、決まり切った日常業務はなるべくまとめて処理するように心がけるといい。

【編み物から得たインスピレーション】

ブロガーのマーリン・マンは、編み物の効用を称賛している。編み物は、すき間時間に行える行動の三条件を満たしているからだ。まず、**どこへでも持っていける**こと。次に、**どんなに気の散る環境下でも集中してできる作業**であること。そして、**たとえ数秒の作業であってもきちんと結果を残せる**こと、である。これから行うことについて、この編み物の三条件を満たすものであるかどうかを見極める必要がある。本を読んだり、何かを書き留めたりするのは、この三条件を満たす好例だろう。あるいは、実際に編み物をしてみるのもいいのではないか。

【意識的に何もしない】

無理にすき間時間を利用して多くのことをする必要はない。ふと立ち止まって、庭に咲いた薔薇の花の匂いを嗅ぎたくなったら、そうすればいい。**何もしないというのも選択肢の一つ**だ。仏教の師が言うように、このすき間時間に集中して瞑想をすることもできる。

優先順位を付けても意味がない！

一九七三年に出版された『**時間の波に乗る19の法則**』（奥健夫訳、サンマーク出版）という本の裏表紙には、赤い大文字で大きく「グロリア・スタイネム（アメリカの女性解放論者）とＩＢＭの共通点は？」と書かれている。この問いの答えは、個人の時間管理《タイムマネージメント》について世界的に有名な同書の著者アラン・ラーキンのアドバイスを求めている、という点だ。

　ラーキンの影響力の及ぶところはフェミニストやコンピューター会社にとどまらない。彼自身が自慢しているように、銀行や石油会社、ミュージカル『ヘアー』のプロデューサーにまで、彼の考案したシステムが奇跡に近い効果をもたらしてきた。それでもまだ不十分と言わんばかりに、ビル・クリントンの自伝の中ではラーキンに対する称賛に満ちた言及がなされている。このラーキンの著書は、今でも増刷を重ねており、盛りだくさんの英知が開示されているが、彼のシステムの中核となっている「物事へのアプローチの仕方」が、見た目ほど洗練されていないように、私には思えてきたのである。

　具体的に言えば、「優先順位付け」の作業のことで、仕事をリストアップし、重要度に応じてＡ、Ｂ、Ｃなどのラベルを貼りつける、というものだ。これを応用したシステムを従業員の作業効率向上策のメインに据えている会社もある。また、多くの「人生のアドバイザー」と称する人たちは、各人の人生の一部を切り取って、それに優先順位を付けて、一カ月あるいは一年程度試してみることを勧めている。

私自身はシステム手帳などの作成には詳しい一方、いまだこの種の優先順位付けの作業は実践したためしがないが何かしら魅力があるのだろうということはわかる。**われわれは誰もが忙しい毎日を送っていて、緊急だが重要ではない物事の処理に時間を浪費している。それゆえ、重要度に従って物事を処理するという考え方に惹かれるのだ。**しかし実際のところ、例えばある物事を優先順位「B」に格付けすることにどんな意味があるのだろう。もし、どうしてもそれをしなければならない場合、優先順位がBであろうと実行する必要に迫られるのだ。

自己啓発のブロガーであるマーク・フォースターは疑問を呈する。「もし、あなたが買った新車にサイドミラーが付いていなかったとして、サイドミラーよりもエンジンの方が重要だと思います、なんてメーカーが言ったらどうだろう」。ことほどさように、いくら重要度が低いものであっても、必要なことはどんな場合であっても実行されなければならないのだ。

「時間があったらやってみたい……」などと言う人もいるだろう。だが、それはまやかしにすぎない。あなたは「いつも忙しい」と言ったではないか。そんな人に余裕の時間がとれるはずがない。また、**本当にすばらしいことは重要度に関係なく「A」にランクされてしかるべきだろう。**人生をいくつかの部分に切り分けて、それぞれに格付けをするなんていうことも、奇妙この上ない話だ。それぞれの事項は相互依存の関係にあるのであって、りんごとオレンジ、というふうに比較対照されるものではないからだ。

結局、**優先順位や格付け制度というものは、システムが正しければ何とか余裕の時間を捻出することができる、などという幻想に焚きつけられた考えなのだ。**本当のところは、もしあなたが忙しすぎるなら、「やることリスト」の中味をあれこれいじくって再編するのではなく、仕事の全体量を減らす方策を考えなければならない。かく言う私は、「やることリスト」をいじくることが大好きなので、これがなかなか悩ましいところではあるのだが。

どうすれば早起き人間になれるか？

最近、私は早起き人間になろうと頑張っているが、予期せぬご利益にあずかることがある。その一つは、ほかの早起き人間に会っても、今までのようにいらいらしなくなったことだ。

しかし、それにしても、私はいまだ不安定な精神状態から脱し切れていない。原因の一つは「デイ・イン・ザ・ライフ」という記事だ。それによると、成功した事業家や芸術家、政治家で朝五時以降に起きる人はいないという。レナード・コーエンは二時半、ドリー・パートンは三時半、ウォーレン・バフェットは五時、ライス元アメリカ国務長官は四時半にそれぞれ起きている、という具合に。

大ざっぱに言えば、八時半に起きる元気いっぱいの同僚たちには、この早起きが良い薬になることは間違いないだろう。そして、自己啓発の世界に、どうすれば早起き人間になれるかについての助言が山ほどあるのも、驚くに値しない。

【疲れるまでは眠ろうとしないこと】

専門家の中には、日常の規則正しい行為の繰り返しこそがすべてだという人たちがいる。毎日同じ時間にベッドに入り、同じ時間に起床すべきだ、と。一方で、それぞれの身体の調子に合せるべきだ、という専門家もいる。こちらの主張は、疲れたときにベッドへ入り、自然に目が覚めるまで寝るのが一番だ、というものだ。自己啓発ブロガーのスティーブ・パブリーナは、二つの考え方はいずれも半分だけ正しいという。彼が提示する正しいやり方は、夜になると自分の身体と相談し、**一五分以内に眠れそうな状態になるまでベッドに入らないこと**、そして朝は目覚まし時計に合わせて起床すること、というものだ。朝の目覚まし時計は午前六時にセットしておく。しばらくは疲れ気味の日々が続くだろうが、一定の就寝時間を確保するためにベッドに入る時間が徐々に早くなっていくだろう。

【目覚まし時計を使ったトリック】

筋金入りの自己鍛錬主義者なら、ベッドに入る前に目覚まし時計を部屋の反対側の隅に置くだけでいい。そうでないならクロッキー（逃げる目覚まし時計）がお勧めだ。この時計には巧妙な仕掛けがしてあって、まず一〇分だけうとうとする時間を与え、その後は自動で移動し始めて、手頃な隠れ場所を見つけるとそこに入って鳴り続けるのである。

【夕暮れ時の散歩】

　ベッドの中で過ごすのがこの上なく幸せだという人が、もう少し早くベッドに入り、もう少し早く起床したいと思うなら、**一日の始めと終わりに日光の下にいる時間を今より少し長めにする**必要があると、精神科医のダニエル・クリプキは言う。薄れゆくたそがれの中にいると、頭脳はやがて来る眠りに備えて変化していくそうだ。

　これらの方法の代わりに、自己啓発の世界ではあまり人気がないが、**思い切って「諦める」**という手段も考えられる。年をとると自然と早起きになるのだから、それでもいいじゃないか、というふうに。それに、朝三時半の起床を目標にやたら頑張る人がいるが、そのうち半数は嘘をついていると考えていい。数年前にクリプキが実験対象者の身体に行動監視センサーを取り付けてみたところ、**朝四時に起きると宣言した人のうち実際に四時に起きた人は一人もいなかった**そうだ。かく言う私は、今までずっと朝六時に起きているが、それでも私にとっては十分に早い時間だ。といって、それが嘘でなければ、の話だが。

ファイリングのコツ

　私の性格が「徹底した潔癖症」であることは間違いない。まずこれを確認しないことには本題に入れない。というわけで本題は「ファイリング・システム」についてだが、これは私にとってこの上なく楽しい作業なのである。

もちろん、ファイリング・システムを利用するのは「徹底した潔癖症」の人たちだけではない——誰だって、何らかの形でメールや銀行の取引明細、事務書類や本、CDなどを整理しているはずだ（たとえ、床に積み上げるだけというやり方であっても）。職場では多くの場合、他人の作ったシステムに取り組まなければならないが、「徹底した潔癖症」でない人、特に自分が「自発的な人間」であることを自慢に思っている人たちにとっては、このファイリング・システムはやっかいなばかりで、全然面白くないだろう。骨の折れる作業でありながら、具体的な報酬が得られないからだ。料理をしたり、棚を作ったりする作業も労力を要するが、少なくとも目に見える成果を得ることができる。

三〇分かけてクレジットカードの請求書を日付順に並べ直してみても、本の整理をしたりしても、後日の作業時間がほんの数秒節約できるにすぎないし、まったく効果の出ないときだってある。だから、一旦やり始めても、すぐにやる気を失くしてしまい、「未整理のファイル」などというわけのわからないものを作り出すという自己欺瞞にはまってしまう。

しかし、徹底した潔癖性の人にしても自発性を重んじる人にしても、いずれも正しいとは言い切れない。優れたファイリング・システムは自発性を促進することはあっても、阻害するものではない。このシステムによっていつでも必要な物を簡単に見つけることができるとわかると、あなたの頭脳は新しいものを創造する方向に向けて開放されることになる。また、ファイルすることは確かに労力のいる仕事ではあるが、生産性志向者の必読書と言われているデビッド・アレンの**『はじめてのGTD　ストレスフリーの整理術』**(田口元監訳、二見書房)やたくさんのブログなどを総合して考えると、いくつかの妥協点を見出すことができる。

【紙に書かれたものをファイルする】

単純なA~Zのシステムが最適。また、ファイルの名前リストをコンピューターに記憶させておくと検索が容易になる。

【電子文書の場合】

詳細なシステムを考える必要がない。メールの保存ファイルを検索するのと同じように、膨大なデータの中から必要なデータを一瞬にして探し出すことができるからだ。

【ファイル整理の基準】

そのファイルをどのくらいの頻度で利用するか、にかかってくる。中には、学術的に非常に重要な内容であっても、おそらくは二度と利用されることがなさそうなものがある。そんな書類はゴミ箱に捨ててしまうことだ。雑然としたものを何とか整理しようなどと考えない方がいい。どうしても必要になったときに考えればいいのだ。

【ファイルの数を減らす】

不要なものは捨ててリサイクルの頻度を高める。例えば、雑誌の記事などの将来必要としないものや、ウェブ上で簡単に見つけることのできるものなんかは保管しておく必要がない。多少常識はずれかもしれないが、本なども思い切って捨ててしまうことを考えてもいいのではないか。その本がどうしても必要になったときに再購入することにすれば、空いたスペースをほかに有効に利用することができるだろう。

台所用タイマーを使った仕事術・その2

「自己修練」は人間の美徳の一つだが、少々うっとうしい代物でもある。まるで、「快楽」など縁がないといったふうに善人ぶった人たちが、やつれ顔で教壇に立って道徳を教えるようなものだ。

ひたむきな快楽主義者ですら、いろいろな面で自己修練を余儀なくされている。例えば、バリ島へ行って、いわゆる「快楽用の麻薬」を手に入れたり、自然の中での乱交を体験しようとしても、そこへ行くまでの飛行機を予約したり、現地での手続きをするのにかなりの自制心が求められるのだ。それがいやなら、自分自身を無気力の手にゆだねるしかない。中途半端な服装でソファーに寝転んで、ベイクドビーンズを食べながら『懐かしのロードショー』などのビデオを繰り返し観るという生活に甘んじるしかない（これは、私自身の体験談である）。

そんなことを考えながら、私は今「ポモドーロ・テクニック」という一種の生産性向上策を試している。これは、創設者のフランチェスコ・チリロが一〇年かけて説いてきたものだが、最近になってようやく熱心な信者が増えてきたという。信者たちは、「天の恵み」という言葉をよく使うが、それは物事に集中することで得られる思いがけない成果という意味だ。実際のところ、それは奇跡でも何でもないものだが、真に役立つものとはそういうものだろう。

具体的な手順はこうだ。まず何か一つの仕事を選び、タイマーをかっきり（例外なく）二五分に設定する。チリロはトマトの形をしたタイマーを使っていた（トマトを意味するイタリア語が「ポモドーロ」である）。そして仕事にとりかかる。二五分後にタイマーが鳴ると、五分間の休憩をとる。これを三回繰り返した後、少し長めの休憩をとる。ざっとこんなところだが、大きな成果が期待できる。

ここまで読まれた読者の半数は不思議に思うだろう。こんな単純なことになぜテクニックが必要なのか、と。しかし、残りの半数は、こうした単純な繰り返しがいわば自己修練の筋トレのように徐々に効果を表してくることを知っているはずだ。文字どおりこれは「トリック」なのだ。チクタクと時を刻むタイマーは、何かを成し遂げたいという人間の内なる欲求を代弁するもので、**脳の一部をだまして「欲求」があたかも外部からの指令であるかのように錯覚させる働きをしている。**

つまり、タイマーの指令には絶対服従しなければならない、という気分にさせるのだ。なお五分間の休憩は、次の二五分の作業にはずみを付けるための時間である。チリロは二五分の時間のかたまりを「ポモドーロ」と呼んでいるが、このわざとらしい名前も、それが自分の意思ではどうにもできない外部の客観的存在であることを意識させる効果がある。

われわれの頭脳はいつもどっちつかずの不安定な状態にあるため、簡単にだまされてしまうのだ。ここをさらに深く掘り下げていけば、自尊心の回復にも繫がることだろう。

第6章

健康な精神生活を送るための智恵と工夫

——もっと頭を使おう

人の名前を記憶する方法

これを書いている時点（二〇一〇年）での記憶力の世界チャンピオンはイギリス人のベン・プリドモアという人物だ。彼は二〇〇六年の全米記憶力選手権大会で、よくシャッフルされた一組のトランプを三一・〇三秒で正確に記憶した。これは前年の記録三二・一三秒を破る新記録だった。さぞかし前年までの記録保持者を悔しがらせたことだろう、と思いきや、前年までのチャンピオンも彼ベン・プリドモア自身だった。トランプや歴史年代やでたらめに並べた数字などを記憶するのに誰かの助けが欲しいようなときはベンが適役だろう。だが、ベンは言う。「皆さんから質問されるのは、ただ一つ、どうすれば人の名前を覚えられるか、ということなんです。しかし、私自身は、人の名前を覚えるのが大の苦手ときている」

人々は他人の名前を忘れるのを恥ずべき行為と思っている。私には理解できないが、多くの人々にとってこれは差し迫った問題のようだ。他人の名前をはじめ、さまざまな物事を記憶する能力の開発は、自己啓発の世界でも大きな部分を占めていて、ウェブサイト、ワークショップ、視聴覚教材など、さまざまな形で提供されている。

名前と顔を組み合わせて覚えるのが難しいのは、名前も顔もそれぞれに無制限な広がりを持っているからだ。これに対して、数字そのものも言うまでもなく無限ではあるが、ベンのような手法を使えば事情が違ってくる。「数字を二つか三つずつ組み合わせ、それぞれの組み合わせを一つずつ異なる画像に変換し、数千の画像リストを作るだけのことです」と、ベンはいとも簡単に言ってのける。「例えば一六六〇五四一三七は、『昆虫を付けた兵士を目がけて石を放つ石弓（古代の投石用武器）』というイメージに置き換えることになります」。

たくさんの人々の名前をそれぞれの人の容貌と関連付けて記憶するには、数字の場合とはまったく違う手法が求められる。さまざまな方法が提案されているが、自称「メモリー男」のトム・ウェーバーが提唱するのは一種の画像方式で、自らが運営するメモリー道場で人々にこう説明している。「例えば、バーバラという名前の女性に出会ったとする。その名前からバーブド・ワイア・フェンス（有刺鉄線柵）を連想しなさい。そして、有刺鉄線に巻かれた彼女の姿を頭に描きなさい」。確かにそのやり方も悪くないだろう。

だが、わからないのは、今までに会ったたくさんの女性の中のどの女性がその有刺鉄線の女性だったのか、どうやって判別するのか？　もう一つの記憶方法は、新しく覚えた名前をできるだけ頻繁に口にするというものだ。「お会いできてうれしいわ、ティム！」「それは良かったね、ティム！」といった具合に。ただしこれは、うるさくつきまとってリゾート施設なんかの期間使用権を売るセールスマンのような印象を相手に与えることだろう。そうすることで、あなたの交際範囲は狭まり、結果として記憶しなければならない名前の数も少なくなるのだ。

記憶についての心理学を調べるなかで、驚くべき事実に気付くことがある。**過去のある出来事のなかで自分がとった姿勢を思い出し、それと同じ姿勢を再現してみる**と、そのとき起こったこまごましたことが思い出されるのだ。このことは、パーティーなどのようにさまざまな姿勢で人々に会わなければならないときに、相手の名前を思い出すのに役立つはずだ。もし、それでも思い出せなかったら、ちょっとしたトリックを使うといい。私が好んで使うのは、どうしても名前を思い出せない二人の人物がいると、最初はわざと彼らを無視し、しばらく経ってからその二人の前に立って、「先ほどはうっかりして気付かなかった、申し訳ない」と言って詫び、両手を開いて、二人がお互いに自己紹介するように仕向けることだ。きっと、うまくいくよ。

大金持ちになれない人の特徴

どうすれば大金持ちになれるか、その方法を皆さんに教えたがっているＴ・ハーブ・エッカーという男を紹介しよう。彼はストリート・スマート・ビジネス・スクールという学校の創設者で、「億万長者の精神」という講座も開いている。多くの自己啓発書が書いているように、この講座も「豊かさの精神」を人々の心に広めようとしている。お金というものは無制限に存在するもので、あなたには世界中のお金を欲しいだけあなたの銀行口座に振り込ませることができる無限の権利がある、という考えである。

ただ、この講座を受けるには、一人あたり一二九五ドルもかかるので、いまだ貧乏性の抜けない私には、残念ながらこれ以上詳しいお話をすることができない。こうしたハーブのやり方には疑問もあるが、一理あることも認めざるを得ない。問題はわれわれの側にある。というのは、われわれはお金についてある種の偏見を抱いているからだ。

ある研究によると、ほかの仲間たちと同時に大幅に給料がアップするより、少額でもいいから自分だけが昇給する方が良い、と考える人が多いという。また、一〇〇ポンドのお金を偶然に手に入れたときの喜びよりも、同じ一〇〇ポンドを失くしたときの悲しみの方が大きい。あるいは、銀行にキャッシュを預ける一方で、預金金利よりも高い金利のクレジットカードで借金をしている。

　こうした行為は、伝統的なエコノミストには理解できないだろう。お金というのは元来、いつでもどこでも代替可能なもののはずだが、われわれはそう扱ってはいない。それぞれの札束に感情のこもった意味を持たせるという、いわば「**精神的勘定**」**を設定している**のだ。このことを示す古典的な一例を挙げよう。ある劇場の入場券を一〇ドルで購入したが失くしてしまったとして、あなたなら新しいチケットを買いますか、と質問したところ、「買う」と答えた人はわずか四〇パーセントだった。ところが、仮にあなたが劇場へ行く途中で一〇ドルを失くしたとして、それでも劇場の入場券を買いますか、と質問したら八八パーセントの人が「買う」と答えたという。同じ一〇ドルの損失なのに、これはどういうことか？　二枚目のチケットを買うことに躊躇した人たちは、おそらく、あらかじめ無意識ながら娯楽費にあてる予定で確保していた金額から予定外の出費をしたくないと思ったのだろう。

　幸いにも、われわれはこの習性をうまく利用することができる。ブロガーのブライアン・フレミングが考えた「貯蓄哲学」というものがある。彼は毎日一ドル（あるいは一ポンド）を使わずに貯めておくのは普通の収入の家庭なら苦痛にならないはずだ、という。この**小額のお金を毎日の**

必要経費として強制的に経理処理することで、貯蓄が着実に増え続けるだけでなく、将来無理なく消費額を増やすこともできるというメリットがある。それとも、あなたが一二九五ドルを支払ってでも大金持ちになる秘訣を学びたいというなら、どうぞ。そして今度、それがどんなものだったか、是非私に教えてください。

さまざまな時間感覚
——なぜ年をとると時間の経過が速くなるのか

先日、心臓が止まるほど恐ろしい研究報告を読んだ。それ以来、私はまるで古代の水夫のように、誰彼なしにそのことを話して回るようになった。そうすることで、気持ちが収まるとでも言わんばかりに。そして、今度は、あなたが私の話を聞く番だ。

誰もが知っているように、人間は年をとるほど、時間が速く過ぎていくように感じるものだ。ところが、一九七〇年にシンシナティ大学が行った研究によると、もしあなたが現在二〇歳だとすると、すでに人生の半分を主観的に体験したことになる、という（実際には八〇歳まで生きるとして）。そして、あなたが今四〇歳だとしたら、（同じく八〇歳まで生きるとして）あなたの人生はすでに七一パーセント超過している、という。**基本的には、実年齢が三〇歳をこえると、あなたはほとんど死んだ状態である**、ともいう。要はそれだけの話なのだが……。

ところで、われわれの体感する時間が一様でないのは、年齢のせいだけではない。見知らぬ国で一週間の休暇を過ごしたとして、そのときの思い出は、毎日仕事に追われる現実の一週間とは比べ物にならないほどのんびりした長い時間だったはずだ。他方、どうしようもなく退屈な時間も、限りなく長く感じる。「熱いストーブの上に一分間手のひらをかざしてごらん。一時間もそうしていたかのように思うだろう」と、アインシュタインが言ったそうだ。「可愛い女の子と一時間一緒にいても、まだ一分しか過ぎていないように感じるだろう。これが相対性理論というものだ」。

そこで、シンシナティ大学の研究で「すでに死んでいる」とみなされたわれわれ三〇代以上の者にとって、時間のスピードを緩め、楽しい時間をもっと長く維持する方法はないのだろうか？もっとも、ジョーゼフ・ヘラーの小説『キャッチ＝22』に登場する、延命の見込みのない空軍パイロットのダンパーのように、わざと退屈な時間を延ばそうと試みるのはご免だがね。心理学ノンフィクション作家のスティーヴ・テイラーはその著書『**メイキング・タイム　時間の流れをコントロール**』（藤井留美訳、ＤＨＣ）の中で、われわれを絶望から救ってくれる考えを披露している。人生における時間の経過ペースが年齢と共に速くなっていくのは事実だが、それは人生全体の総時間に占める体験時間の割合が年を改めるごとに前年より減っていくからで、仮にあなたが一〇歳だとすると、それまでのいずれの一年間をとっても、人生全体の一〇パーセントを占めるが、七〇歳になるとその割合は一・四パーセントまで下がっている、というものだ。

それよりももっと面白い考え方がある。心理学の祖父とも呼ばれているウィリアム・ジェイムズが最初に提案した「**新しく取り入れる情報の量が多いとき時間はいつもよりゆっくりと経過していく**」というものだ。初めての目的地へ行くのにかかる時間が帰りの時間より長くかかるのを説明するもので、休暇中の時間の方が仕事中の時間よりも長く感じるのもこのためだ。それなら、新しいことを求めて日常生活から脱出してみてはどうだろう。テイラーはこう書いている。「同じ休暇をとるにしても、冒険旅行に出かける人たちの方が、浜辺でぼんやりと過ごす人たちよりも休暇を長く楽しんでいるようだ」と。

　だが、ちょっと待てよ。楽しんでいるときの時間は矢のごとく飛び去るのではなかったか？　そう、そのとおり。ここで注意しなければならないのは、われわれが**記憶を思い起こすときに感じる時間と、実際に体験しているときに感じる時間が同じではない**、ということだ。通常なら、時間がゆっくり進むのを好む人などいない。退屈するだけだから。われわれが好むのは、過ぎ去った過去、それも何年か前をゆっくり思い出すことなのだ。一番幸せなのは、何かに夢中になって時間の過ぎるのを忘れているときと、それを後になってじっくり時間をかけて思い起こすときである。これは、過激なスポーツや瞑想など、極度の集中力を要する活動がもたらす効果だ。反対に、暗い部屋に独りで座り、あのシンシナティ大学の恐ろしい研究結果の意味を考え、ぶつぶつ不平を言っても、この効果は期待できない。というわけで、私もこれ以上考え込むのはやめることにしよう。

「汝自身を知らない」ことを知れ

「汝自身を知れ」というのは古代ギリシアの格言で、あの「デルポイの神託」で有名なアポロン神殿の入り口に刻まれているものだ。この言葉は、人生を賢明に、かつ豊かに生きるための優れた処方箋のように思える（多少あいまいな点があるのも確かだが、そのあいまいさは神託の神託たる所以でもあるだろう）。

心理学者がこの格言に関してしつこく調べ始めたのはここ一世紀ほどのことだが、そのときまず遭遇したのが「われわれは自分の心を知ることができないのではないか？」という疑問である。われわれは自分の頭脳の中で何が起こっているのか、よく知っていると思っている――どうすれば幸せになれるのか、どうしてそんな考えを持っているのか、なども理解しているつもりでいる――しかし、**本当のところは何もわかってなどいない**。われわれは、自分について何も知ってはいないのだ。

最近行われた、女性の肉体的魅力を巡る実験のエピソードがいい例だ。まず参加者に二人の女性の写真を見せて、どちらが魅力的かを選んでもらい、選んだ女性の写真を手渡すときに、手品を使ってもう一方の選んでいない方の女性の写真を渡す。そうして、なぜその女性を選んだのかを説明してもらう、という実験だった。すると回答者の多くは、別の女性の写真を渡されたにもかかわらず、自分が選択した女性であるかのようにその魅力を説明し始めた。ある回答者などは、例えば、彼女が可愛いイヤリングをつけているからだ、と説明したが、最初に選ばれた女性はイヤリングなどつけていなかった、という。つまり、この回答者は、自己の感性や記憶の矛盾に気付いていないのだ。

「自らの心をしっかり把握していなければならない」と考えるのは、至極当然のことに思える――だって、われわれは自分の頭脳の中の一番見晴らしの良い場所に立っているのだから。そうだろう？

ところが、現実は目を覆いたくなるほど悲しい状態にある。まるでアマチュア心理学者が自らの心中で起こっていることをあれやこれやと憶測しているようなものだ。もっとも、他人の心中を探るより多少正確だとはいえるだろうが。このことは、一九七七年、大学の研究員のリチャード・ニスベットとティモシー・ウィルソンの二人が大学の保存記録を隅々まで調べたとき、再三にわたって発見していることだった。

典型的な一例を挙げると、あるショッピングセンターで買物客の足を止めて、形状がまったく同一の四つの「異なる」製品を示し、その中からどれか一つを選ぶよう頼んだところ、一番遠くの右側にあるものか、あるいは最後に目に付いたものを選ぶ傾向にあることがわかった。だが、そうしたことが選択を決定づけたのだと彼らにそれとなく指摘してみようものなら、彼らはフンと言って軽蔑することだろう。それほど、一般の人々は心理学や心理学的現象に関心が薄いのだ。

しかし、こうやって考えていくと、気分がだんだん滅入ってくるではないか。自分には精神的な人生を送る資格がないのだ、と諦めるために議論しているように思えてきてしまう。人には、その人生を充実させるために何らかの選択を迫られるときがあるが、そういう機会をも捨て去らなければならないようにさえ思えてくる。なぜなら、もし自分が何を何のためにしたいのかがわからないならば、そもそも選択などすべきでないからだ。誰がしてもなるようにしかならないときは、周囲の風雨に打たれるままに、事象の流れに身をまかせるのが一番いい。

このような敗北主義とは一線を画し、またそうした心理状態に陥らないようにするには、自己認識の限界を健全に判断する以外に方法はない。つまり自分自身について知らない部分がたくさんあることを素直に認める、あるいは自分のどの点がわからないのかをしっかり認識することが必要なのだ。

結局のところ、人間関係にせよ、仕事にせよ、**われわれが幸福になるためには何をなすべきなのかについて、今まで固定的に考えていたことが、いかに脆弱な基盤の上に成り立っているか**が明らかになった今、自己認識の限界を知ることは極めて大切なことなのである。それは、既成概念を捨て去るのではなく、新たな実験を重ねていくための処方箋になるのではないだろうか。今までに**「本当の自分ではない」として消し去っていたことを再試行しながら**、新しく深みのある自分の姿を発見することに繋がるのではないか。

オスカー・ワイルドは、既存の固定観念を崩すことについて一家言を持っていた。彼は「デルポイの神託」とはまったく関係ないが、「己を知っている（と思っている）のは心の浅い人間だけだ」と反駁している。

判断するのは、理性か、直感か？

一八三八年、チャールズ・ダーウィンは一冊のノートを取り出し、その上に二つのリストを作った。後になって有名になったこの二つのリストの一つには「結婚」という見出しが、もう一つには「未婚」という見出しが付けられた。目的は、これらのリストを使って、結婚相手を探すことの是非を系統的に分析しようというものだった。「結婚」の下欄には、「音楽や女性とのおしゃべりの魅力」、「家の世話をする者」と書かれ、その下の方に「時間の無駄」、「もしかすると喧嘩」と書き添えられていた。結局のところ、ダーウィンは結婚賛成派だったようだ。「暖かい炉辺のソファに座って本を読む優しいすてきな妻を思い浮かべてごらん……その想像をあの陰気なグレート・マルボロ・ストリートと比較してごらんなさい」とダーウィンは書いている。

ダーウィンは、結婚すべきだと結論を出し、一年後に結婚した（相手は彼のいとこだ――進化論者が下した決定としては興味をそそるところだが、それは別の話）。しかし、ダーウィンのリストには何かしらよそよそしいものがあった。結婚という極めて感情的な決定を下すのに超理性的な手法を用いることについての拒否反応のようなものを感じる。

そのほかにも、小さいジレンマを示すものがたくさん見られる――例えば、人気のコラムニスト、マルコム・グラッドウェルの著書『**第1感　「最初の2秒」の「なんとなく」が正しい**』（沢田博・阿部尚美訳、光文社）で有名になった「直感に頼る方がうまくいく」という考え方がそうだ。いくつかの車から最も装備の優れた車を選ぶよう依頼された人たちは、選択の理由づけを求められた場合よりも、直感的に選んだ場合の方が正しい選択をした、という。しかし、直感に基づく意思決定には、それなりの問題がある。一時的なムードに乗って決めた場合や、いくつかの重要な情報を見落としていた場合はどうなる？

そこで、心理学者はじめ多くの人たちが提案しているのが、**理性と直感の両方を混ぜ合わせた意思決定の手法**である。

【問題の大小によって選択する】

大きな決定を下すときは直感による意思決定が最適であり、理性による意思決定は比較的小さな決定に向いているのではないか、という議論がなされている。例えば、運動靴を選ぶとき、関連する要因——値段、履き心地、外見——をチェックし、それぞれの重要性の軽重を定めることに価値がある。しかし、プロポーズをしたり、職業を変えたりといったことには非常に多くの要因があるため、理性に頼った分析はかえって問題を複雑にしかねない。潜在的な重要検討事項を考慮し忘れる可能性があり、その他のことを過剰に重要視したり過小評価したりする危険性もあるからだ。

【言葉に表せない感情に焦点を当てる】

コインを一枚取り出し、表裏双方にそれぞれ別々の選択肢を割り当て、そして放り上げなさい。ただし、結果をすぐに見てはいけない。その代わりに、**あなたの感情の動きに注意を払いなさい。**

表か、裏か、どっちが出て欲しい？　その答えに、あなたの本心を見ることができる、というものだ。

【最初は理性的に、途中から直感的に】

哲学者であり、心理学者でもあるポール・サガードが示唆する方法は、**まず目標、選択肢、あり得る結果を詳しく書き出す**こと、次にそれらをしっかり検討することである。そして、その後は直感で行動する。こうやって、いつでも適切な判断が下せるような地盤を理性的な方法で準備するのだ。

【締め切りを設定する】

一般に「熟考する」というのは、「優柔不断」の状態が数時間続いた後、「即座の判断」が働くというものである。この**優柔不断の行程に一定の時間制限を設けなさい**。日常の出来事の場合は、数分で十分だ。時間が経過したら即座に思い切って決定を下しなさい。優柔不断に数時間かけていたときより悪くならないことは、ほぼ間違いない。

安易な選択の功罪

面倒を避け、できるだけ安易な道を選ぼうとするのは、ごく当たり前の話だ。だが、ことの大小を問わず、恐るべき結果をもたらすことがある。例えば、何年も歯医者へ行かなかったり、企業が大量の石油を海にたれ流したりするのは、本来やるべきやっかいな作業をしないことにほかならない。誰もが陥りがちなこの間違った傾向について語れば切りがないが、私にはそんな面倒なことをする気など毛頭ない。私もまた他の人たち同様、安易な道を選び、いくつかの証拠を示すことで私の言いたいポイントを明らかにしていくことにしよう。

この安易な方向に流れようとする傾向は、元から自明の理ではあったが、心理学者たちがあらためて問題視し始めたのは比較的近年になってからで、単なる**肉体的な「ものぐさ」が精神的な「怠惰」に繋がっている**ことに気付いたのだ。これは「認知的安易性」と呼ばれるもので、**何か安易に目に付くことや思い付くことがあれば、それこそが望ましくて重要な真実であるかのように思い込んでしまう**傾向のこととされている。

ある研究によると、例えば、料理用レシピや仕事のリストなどは明快なフォントで印刷されたものが理解しやすいとして好まれるようだ。また、匿名の告白を受け付けるウェブサイトで行った学術的な調査では、モニター画面を読みやすいデザインに変えるだけでそれまでよりも率直な告白が多くなったという。さらには、発音しやすい名前の企業は株式市場でも有利である、ともいわれている。

これが進化論にかなった意味を持っていることは、言うまでもない。人間の頭脳は、生存に必要なエネルギーをいつでも使える状態で貯めておくように進化してきた。われわれ人類は食料を収穫したり、野生の獣から逃げたりするのに必要なエネルギーを貯め、また必要に応じて肉体を鍛えてもきた。そんな世界では、余計な運動のためにする運動など、まったく馬鹿げている。

だが、この怠惰に流れる傾向には都合の良い点もある。逆説的になるが、認知的安易性の反対の言葉に「訥弁《とつべん》」というのがある。これは話し方がなめらかでないことを意味するが、だからこそ、逆に人々は話に注意を集中し、深く考えることができる、という。また前述のフォントの研究家たちが発見したことだが、あることを読みにくい書体で印刷すると、それを読む人たちはその意味するところを理解しようと懸命になるという。また、アイルランドの作家コラム・マッキャンは、自ら書いた小説の一語一語を新鮮な目で厳しく見直すために、原稿を細かな八ポイントのタイムズ・ニュー・ロマン体で印刷するそうだ。

それでもなお、私は意気消沈せざるを得ないのだ。日頃から、私は人生で豊かな経験をする機会を逸しているのではないかという不安を抱いている。加えて、わずかな努力を惜しんで怠惰に走り、せっかくのチャンスを逃してきたのではないか、という思いがしてならないのだ。思うに、この情けない状況から脱するには、唯一、怠惰な考えに陥らないように絶えず注意することしかないのだろうね。精神的にとても疲れることなのだが。

内向型人間の評価されるべき資質

最近になって、心理学者たちの間で今まで評判の良くなかった内向型を見直す動きがあり、内向型は過小評価されている、との結論にいたったという。

全体の三分の二の人々が外向型だとされるが、残りがすべて内向型というわけでもない。ひどく恥ずかしがり屋な人が何とか友だちを増やしたいと願っているなら、その人は多分外向型に分類されるだろう。気分が落ち込んだとき独りで時間を過ごそうとするのも、外向型の一つだろう。結局、**本当の内向型というのは、社会的な交流にエネルギーを使い切って、独りにならないと回復できない人**のことで、そうでない人は外向型に分類されるのだろう。人生の大半をガヤガヤと騒がしいパーティーに費やしてきたような人は、心理学小説の作家マーティ・O・レイニーが著書『**内向型を強みにする**』（務台夏子訳、パンローリング）で頻繁に引用している「インニー」の心境にはなれないだろう。

インニーというのは、「へこんだ臍《へそ》」の意味だが、ここでは本当の内向型の人間のことを指している。レイニーによると、「インニー」に属する人物に、俳優のグウィネス・パルトローやメリル・ストリープ、アインシュタイン、そしてアル・ゴアらがおり、優越感に浸るタイプの内向型人間としてはアイルランド人歌手のエンヤがいる。レイニーはこう書いている。「われわれは常日頃から、行動、スピード、競争、そして活力を尊重している。したがって、内向型に対して身構えてしまうのは不思議なことではない」。

内向型人間を擁護する人たちは、彼らにとって社会的な交流は非常に疲れやすい作業なのだと指摘する。というのは、**外向型人間ならそこまでやらないだろうというところまで気を使い、そ**

んなやり方をずっと続けていたら誰でも精根尽きてしまうだろうと思われるほど力を尽くすからだ。このことは、裏返してみると、内向型人間の積極的な一面を物語っている、とレイニーは言う。内向型人間は外向型人間よりも長期にわたる友情関係を維持するのが上手で、感情的な交流においてはより高度な感受性を見せる傾向にある、というのだ。組織においては、他人に対して誠意のないおべっかを使うことができない——だから、イエスマンを避けたい上司は内向型人間の採用を考えるべきだ、とも。

問題は、外向型人間が内向型人間の本心を理解していない点にある。つまり、内向型人間の関心をもっと精力的な交際に向けさせようとすることが彼らを助けることになると信じているのだ。「もっと外に向かって心を開きなさい」と叫ぶ人たちである。レイニーは内向型人間に対して「**自分自身の性格に敬意を払いなさい**」と言っている。自分の基本的な性格を無理に変えようなどとせず、例えば、毎日一度は独りで自然の中で過ごすよう心がけなさい、と。

魅力的で強烈な衝動の謎 ——ここから跳び下りたらどうなる？

あなただって、きっと私と同じような経験をしたことがあるはずだ。例えば、高いビルの展望台に上ったとしよう。あるいは、切り立った崖の淵へそっとつま先で近づいたとしよう。でなければ、高いところでぐらぐら揺れているスキーリフトに乗っているとしよう。こうしたときに起こるのがあの不可解な衝動で、これを「名付けようのない感情の雲」と呼んで、最も上手に本にあらわしたのがエドガー・アラン・ポーだ。

もし、そこから跳び下りたらどうなるだろう？　もちろん、死にたくない。普段は、生きていることに喜びを感じているのだから。でも、この衝動は本物だ。ポーは短編小説『天邪鬼《あまのじゃく》』の中で、この衝動を小悪魔に例え、「強烈な恐怖の喜びを与え、骨の髄まで冷たくさせる」と表現している。もし、**衝動のままに行動したら、大惨事になるだろう。だが、その事実が予想できるからこそ、これほどまでも魅力的で強烈な感覚にとらわれる**のだ。

この小悪魔は、最悪の場合、死の危険をはらんだ状況で登場する——どのドライバーも、ハンドルを切って対向車線に突入してみようという衝動に十分な免疫ができているとは言えない——しかし、死の危険がなくてもこの小悪魔は登場する。「河や湖や海などの水辺に来ると、決まってこのスマートフォンを水中に投げ込みたくなる」、と言うのは、思わず身もだえしたくなる「衝動」専門のウェブサイトに寄稿している男だ。

シーンと静まり返った劇場内にいると、私は思わず大声を上げたくなる気持ちを抑えるのに苦労する。何の苦もなく、何百もの他人の物を破壊できると考えると、目眩がする思いである。こうした幻想はほぼ誰もが共通して抱くものだが、通常は抑制された状態にある、と雑誌『サイエンス』の一頁に書かれている。

もっとも、ストレスが高じたときは、行動に現われる可能性が高いが……。ポーが書いているように、時には優柔不断が抑制の役割を果たすこともある。「今こそ人生最大のピンチで、大声を上げて、エネルギーを結集し、行動を起こさなければならないのに……ついぐずぐずと翌日まで決断を引き延ばしてしまう。なぜだ？」。答えはない。ただ、われわれが「天邪鬼」なだけなのかも。

どこにも見られるこの思考や行動様式は、われわれの神経系統に深く根差している（自殺願望とはほとんど関係ない）。この衝動の持つ力は、そうすることで生じる結果が自分にとっていかに好ましくないかで左右される。哲学者のデイビッド・コップは著書『Morality, Normativity and Society（道徳・規範・社会）』の中で、「衝動の力が大きければ大きいほど、（ビルの屋上の）端から離れねばならない、という理性が強く働く」と述べている。皮肉なことに、**衝動はわれわれの身を保護する働きをするもの**なのだ。

よちよち歩きの幼児は、自分の持つ機能をフルに働かせて、危険との境界線を探りながら自立しようとするが、われわれの行動や思考は、この幼児の行動の変形ではないのか？　その気になれば実行できそうなことを実行前にしっかり見つめてみる価値はあるだろう。そして、実際には実行しないという選択肢を選べばいい。

このことは、ポーの言う小悪魔の魅力がほとんどの場合、現実化するものではないことを明らかにするものである。しかし、『天邪鬼』の主人公は、やってしまったら大変なことになるとわかっていながら、欲求にかられて実行に移してしまう。

彼が語るのは自分が成し遂げた完全犯罪の経緯だ。何年もの間それが殺人であったことに気付く者はおらず、彼は自分がうまくやってのけたことに満足して、密かにほくそ笑む。しかし、ある日、一つの考えが浮かんだ。「私は安全だ――そう、他人に告白するなどという馬鹿なことさえしなければ、ね！」。すると、たちまち冷たいものが身体中を走った。告白しなければ、という衝動が彼の魂を苦しめ始めたのだ。彼は、良心の呵責に悩んだのではない。彼に真実を告白させたのは、ただ一つ、その結果がいかに惨めなものになるか、という想像だった。彼は告白し、絞首刑になった。小悪魔が勝ったのだ。

一貫した気持ちを大切にしよう

世の中には本当に風変わりな人たちがいる。これは、社会心理学がつねに一貫して示していることだ。一九六六年、ある郊外の家庭を一軒一軒訪問して、彼らの前庭に「安全運転」と書いた大きな看板を無償で立てることに賛成かどうか調査したことがある。

具体的なイメージを示すため、すばらしい家が大きな見苦しい看板に隠れてほとんど見えなくなっている写真を見せたところ、驚いたことに、一七パーセントもの人が看板を立ててもいいと答えたという。なぜなのか、よくわからないが、多分、初めての質問にどう答えていいか、判断できなかったためだろう。しかし、もっと面白い調査結果が出た。看板を立てることに同意した人たちだけを対象に、三インチ（約七・六センチ）四方の文字で「慎重に運転せよ」という文言を書くことについて意見を聞いたところ、七六パーセントが同意したというのだ。

一七パーセントの人たちは、他人にだまされやすい性格だったのではないか？　私も、その意見に賛成だ。彼らはおそらく、クリップボードを持った勧誘員の口車に乗せられ、自分たちの住環境が板の遮蔽物で破壊されることに同意したのだろう。実は、かく言う私も彼ら同様、三インチ四方の文字デザインに賛成しただろうと思う。ただ、自分が公共心豊かな人間であると思いたいから、という理由でだが。とはいえ、一旦賛成したからには、私もほかのだまされやすい人々と同類に思われても仕方あるまい。いや、私も本当にそうなのかもしれない。本当の自分はどうなんだろう？　もっとも、これは一種の言葉の綾であって、真剣に悩む問題ではないが。

これは、社会心理学者のロバート・B・チャルディーニが著書『**影響力の武器　なぜ、人は動かされるのか**』（社会行動研究会訳、誠信書房）で語った「増分コミットメント」によって説明できる。この本は、ユーモアたっぷりで非常に面白い。いわゆる「顧客を誘導して承諾させること《コンプライアンス・》を職業とする人たち《プロフェッショナルズ》」が使う黒魔術の数々を紹介する本で、電話勧誘のセールスマン、慈善団体の募金集め、あやしげな宗教団体の寄付集めといった連中が、顧客をだますために使うあの手この手を具体的に細かに解説した手引書になっている。

このタイプの連中がどんな人間なのか、については今更言うまでもないだろう。では、奴らは一体われわれのどんな弱みにつけ込んでくるのだろうか？　**われわれは一貫性を何よりも大切にしていて、それを維持するためには、時には極端な行動をとることもある。**体裁をとりつくろうという面もある。もし、あなたが道路の安全に貢献すると一度意思表示したら、その後矛盾した印象を与えないように気を使うだろう（たとえ無意識ではあっても）。だが、問題はもっと深いところにある。一旦何らかの意思表示をしたら、たとえどんなに小さいことであっても、それこそが正しいものと心底信じ込んでしまい、その方向に沿うよう自分の行動や感じ方を修正・変更することになってしまうのだ、そしてこれが奴らの狙いでもある。私自身、結局は、あの看板を立てたいと純粋に考えるようになるのだ。

もう一つ例を挙げよう。競馬である馬に賭けたとき、その馬の勝利を信じる気持ちは賭ける前よりも賭けた後の方が断然強くなっている、と複数の研究結果が示している。何が変わったのかというと、その馬に投資した（金銭だけでなく精神的にも）という事実だけだが、この時点で勝敗と投資とが一貫した関係になっているのだ。

これをチャルディーニは心配している。われわれは本当の気持ちに反してでも、考えが一貫して変わらないことを他人や自分自身に対しても示そうと（無意識にでも）行動するのではないか、という点についてだ。事実、大抵の人は若いときにデートした相手と同棲し、その後結婚して子どもを持つが、結果は惨めな人生に終わってしまう。なぜなら、その人は自分の人生が一貫していたことを証明し正当化するだけのために、日々汲々《きゅうきゅう》とした生活に甘んじなければならないからだ。

とはいえ、われわれが心の中で一貫性を保とうとする気持ちは間違いなく真実そのものである、ともチャルディーニは認める。そして、そうした気持ちは、問題になるどころか、反対に人々の不安や心配を和らげる効果があると結論付けている。特に、何か人生の大きな決断を迫られていらいらしていたり、正しい選択をするために悩んでいたりする場合には有効である。この**一貫性へのこだわりは、あなたが何を選択しようと、その選択が結局は間違っていなかったと思えるようにするためのもの**なのだ。

　ところで、我が家の前庭に立てられる大きな看板の一件は、どうなるのだろう？　私が下した最高の決断なんだが。

成功するほど迷信深くなる

　一九四〇年代後半、伝説的な心理学者Ｂ・Ｆ・スキナーが行った実験にこんなものがある。密閉された箱に一定間隔で餌を撒く装置を据え、その中に鳩を入れて、どんな行動をとるかを観測する、というものだ。これは、鳩の行動と餌の到来を関連付けさせるのが目的のもので、鳩が床をつついたり、身体をよじったりしたとき、新しい餌が撒かれる仕組みにしておくと、両者の関連性はさらに強化されていった。

　人間が迷信を信じるのも、これと同じ原理に基づいている、と言える。例えば、救急車が通り過ぎるとき、じっと息を殺していると、自分がすぐに死ぬようなことはない、と思い込んだりするのがそうだ。また、芝居中には舞台裏で「マクベス」という名前を口にしてはならない、と言われているが、この禁句を守る限り、劇場が火事になる心配はない、と信じるのも同じである。

当然のことながら、自分たちがインテリであり、冷静な判断のできる人間と思っている人たちは（あなたもその一人だろう）、こうした不合理な考え方を軽蔑するだろう。だが、それはどうやら間違った認識のようだ。「迷信は非常に巧妙な方法でわれわれに影響を与えている。多くの場合、**組織内で昇進すればするほど、迷信を信じやすくなる**」と言うのはマーシャル・ゴールドスミスである。彼はフォードやトヨタ、それにイギリスの製薬大手グラクソ・スミスクライン社のトップの指導にあたった「企業管理職コーチ」だ。

ゴールドスミスが言いたいのは、顧客の人生の中で迷信がどれほど有害な役割を果たしているか、つまり、顧客たちが今の地位に昇ることができたことについて、いかに間違った信念を持っているか、ということだ。「成功した人々が犯す最も大きな過ちの一つは彼らの間違った思い込みである。『私は今成功している。今のやり方がいい。だから、今のやり方を続ければ、将来も必ず成功するはずだ』と思い込んでいるのだ」。彼らは、「自分たちのやり方」と「成功」とは関係がないこと（ちょうど、あの鳩の例と同様に）に気付いていない。あるいはもっと悪く言えば、そんなやり方にもかかわらず成功したのかもしれない、ということだ。例えば、こんな例がある。『部下たちと距離を置き、部下たちにとって不可解な沈黙を保って、近寄り難い存在感を示すことは、部下たちに自分たちの力で物事を考えさせるための計算された戦術である』などと公言してはばからない重役の下で働いたことがある、という人もいた」と、ゴールドスミスは著書『**コーチングの神様が教える「できる人」の法則**』（マーク・ライター共著、斎藤聖美訳、日本経済新聞出版社）に書いている。

自分の成功要因だと信じていることを頑固に追い続けると、結局は、それに裏切られ、進路を妨害されることになりかねない、とゴールドスミスは忠告する。

ストレスもまた、この傾向を促進する。難題を引き受けた後、**あれこれ悩み苦労して成功すると、潜在意識的に「苦労したこと」が「成功したこと」の要因であるとして、両者を密接に関連付けてしまう。**こうして、いたちごっこが始まり、最終的にみんな燃え尽きてしまう。これは職場に限ったことではない。ゴールドスミスが言うように、同じ過ちの連鎖が、個人的な人間関係の構築にも害を与えている。「自分たちが、いかに迷信深いか、ショックを受けたことだろう」とゴールドスミスは言う。結局、われわれの頭脳は鳩の頭脳と同じように働いているのだ。残念だが。

意志の力について

一般的に、深刻な精神疾患と日常的な気持ちの浮き沈みは混同すべきものではない。あなたの気分が沈んでいるからといって、あなたがうつ病であるとは言えないし、注意が散漫になりやすいからといって、注意欠陥障害になっているとは言えない。しかし、ここで一つ例外扱いをしたいのは、「利用行動」と呼ばれる医学的事象だ。私がそれを偶然に目にしたときは大きなショックを受けた。主として脳の前頭葉に重大な損傷を受けた人たちが見せる症状だが、私やあなたにも同様な行動をとることがあるからだ。

利用行動の患者は、視界に入る物は何でも自動的に利用したくなる衝動が抑え切れない。ドアの前を通ると、そのドアを開けずにはいられなくなる。電話機の前を通ると、電話をかけてしまう。電気のスイッチを見つけるとスイッチを入れてしまう、といったふうに。

誰か、思い当たる人がいるのでは？　何もあなたがそうだと言っているのではない。しかし考えてみれば、われわれの生活が自分の明確な意思で決められるのではなく、たまたまそこに現れた目に見える事物によって決められるというのは、実に恐ろしいことだ。人々が食べ物を口にするのは、それが目の前にあるからであり、テレビを観ながら夕べを過ごすのは、その部屋にテレビがあるからだ。もっと大きなことを言えば、あなたが仕事を始められたのもあなたがその仕事に巡り合えたからで、このことは他の人間関係にもいえる。

この利用行動は多くの場合、何かに気をとられて上の空で行う行為にもあてはまるのではないか、という説もある。例えば、われわれは何でもかんでも冷蔵庫にしまいこもうとする癖がある。だから、冷蔵庫の前を通ると、いつもそれを開け、手に持っているものをすべて放りこんでしまう。たとえ、それが自動車のキーであっても。

周囲の力に抗して自制心を働かせるには、かなりの意志力が必要だ。自制心の研究の先駆者として有名なロイ・バウマイスターをはじめとする心理学者の一団がすばらしい研究を行っている。彼らが被験者たちに求めたのは、「長期にわたる粘り強い努力」が必要な仕事を最後までやりとおすこと、そして机上に残された現実の仕事を集中的に処理する、というこれまた同様に骨の折れる仕事だった。

被験者には、コーヒーを飲むために外を散歩したり、ウィンドウショッピングをしたりする暇などなかった。その結果わかったことは、これらの仕事が被験者の身体のグルコース（ブドウ糖）のレベルを著しく低下させること、そしてさらに、前もってグルコース飲料を飲んで仕事に臨んだ被験者は他の被験者よりも長い忍耐力を示したことである。言い換えれば、**自制心を働かせる仕事は、重い物を持ち上げるのと同じく大量のエネルギーを消耗する**のである。もう一つの教訓は、仕事を始める前に砂糖分の入ったドリンクを飲むといい、ということだった。

この現象をバウマイスターは「自我の消耗」と呼んでいる。われわれは、自らの感覚を世の中の出来事に、そして自身の行動にも押し付けていこうとするが、そのために**消耗される意志力の源泉は有限で、いずれ使い切ってしまう**ものなのだ。集中力を要する仕事にとりかかる前に面白いビデオを観ても大声で笑わないように要請された被験者たちが、いざ仕事を始めてみたら能率を上げられなかったというのも、彼らが事前に意志力の貯蓄分を消費してしまったからだ。

また、あなたが今の行動パターンを意識的に変えようとすると、意志力の一部を臨時に消費しなければならない。意志力は枯渇性資源だから、一つのことにそれを使い過ぎると――例えば、健康食を食べることにこだわり過ぎると――余生に必要な意志力が十分に残らないことになる。だから、行動を変えたいなら、意志力に代わって自動的に物事が進むように、生活を習慣化させる必要がある。そうすれば、あなたの冷蔵庫は健康食品でいっぱいになっていくに違いないし、そこにはきっと、自動車のキーもまた一緒に納まっているだろう。

《訳注：なお二〇二三年現在、この実験による「自我の消耗」説は疑問視されており、意志力の有限性やそのメカニズムについてはさまざまな意見が出ている。ニール・イヤール「意志力にまつわる30年の誤解を解く」『ハーバード・ビジネス・レビュー』を参照》

せっかくの楽しみを逃して後悔する人生！

何年か前、シティバンクは「豊かに生きよう」というキャンペーンを始めた。「人生を前向きに楽しもう。その方が貯蓄や投資の管理にくよくよと時間をつぶすよりもずっと重要である」という主旨のものだ。これを聞いて、私は思わずカッとなった。私にとっての銀行とは、預けたお金を丁寧に管理するところであって、自己啓発の文句などを宣伝するところではなかったからだ。そしてこのフレーズは、その後にシティバンクが遭遇した不運な事件も、もう少し丁寧に管理していれば避けることができたはずだ、ということを示唆してもいた（そこで新たに採用されたのが「シティは決して眠らない」というスローガンで、彼らの言いたいことはよくわかるが、私には銀行員が恐怖に怯えて不眠症に陥っているのが目に浮かび、何とも冴えないものに思えた）。

さらに疑問を呈したいのは、このメッセージには、メッセンジャーである彼ら銀行員の努力にもかかわらず、われわれの不安や心配に答える何の智恵も含まれていないのではないか、ということだ。押し寄せる経済ニュースに日々不安を煽られているわれわれが、お金について必要以上に慎重になる恐れはないのだろうか？

そもそもわれわれは、消費に回すお金をケチって銀行にたっぷり預けようなどとは考えていない。何十年にもわたる心理学者の研究が証明しているように、近視眼的な見方をすれば、大急ぎでお金を湯水のごとく使い、後で時間をかけて後悔する、という短期間の衝動的な消費をする傾向にある。その一方、遠視眼的な見方をすると、はるか将来の実現性の乏しい夢を追わされることにもなりかねないのだ。

時が経つにつれ、美徳と悪徳についてのわれわれの感覚に異変が起こっている。**贅沢な買い物をしたあとに感じる後悔は、普通すぐに消え去っていくものだが、贅沢を嫌って買わずに済ませた場合の後悔は、最初は小さくても徐々に大きく膨らんでくるものだ。**

アメリカ人研究家のラン・キベルツとアナット・ケイナンが学生たちに、最近の大学の休暇で最も後悔していることは何かと質問したところ、「もっとしっかり勉強して、もっと多くのアルバイトをしてお金を儲けたかった」という回答が目立った。しかし、同じ学生たちに一年前の休暇について質問すると、「十分に旅行や楽しみの時間がとれなかったことが残念」と答える傾向が見られたという。四〇年記念の大学同窓会に出席した人たちは、自分たちの学生時代を振り返って、さらに深刻な後悔の念を抱いていた、という例もある。

キベルツらが言うように、「悪徳よりも美徳を選んだことを後悔する気持ちが大きくなっていくばかりで、人生の楽しみのチャンスをみすみす逃してしまったことを悔やむ切ない哀愁のような想い」がだんだんに高じてくる、という。これは、過去にできなかったことへの想いだけではなく、その代わりに実際にやっていたことへの後悔の念も対象になる。勉強をするにしてもパーティーを開くにしても、行動を伴うという点で一緒だからだ。誘惑に負けたという罪の意識は、すぐに消滅する。しかし、その機会を逃したことを悔やむ気持ちはなかなか消えない。

遠視眼的な見方が危険であることを人々は直感的に理解している。キベルツが行ったもう一つの研究によると、くじを引こうとする女性の三分の一は、八五ドルの現金よりも八〇ドルの温泉入浴券を狙うという。明らかに、彼女たちは「事前に楽しみを確定」する方を選んだ。もし現金が当たったとしたら、貯金するのか何かを買うのか、あれこれ思い悩むことがわかっていたからだ。

皮肉なことに、われわれは**一番楽しめることに罪悪感を覚える**ものだ——だから、大好きな贅沢を否定し、もう少し穏やかなことを選ぼうとする。キベルツとケイナンは二〇世紀前半の作家ジェイムズ・ブランチ・キャベルの言葉を引用する。まさに今日のとげとげしい不況の時代にふさわしい、反骨の思想を感じさせるものだ。「十分に満足できなかったことなど記憶にない。覚えているのは、いくつかの誘惑に必死に抵抗したことだけだ」

第7章

日々の疎ましい思いとの付き合い方

——心の平穏のために

いらいらしないで毎日を過ごす方法

日常生活でいらいらすることはたくさんある。電車内で携帯電話を使って大声でしゃべっている人とか、ねちねちと暮らしにまつわるあれこれにケチをつけるテレビ番組とか、街中の誤った句読点の打ち方をしている看板なんかがそうで、私は日頃そうしたものに腹を立てながら朝から晩まで過ごしている。

しかし、よく考えてみると、こうした私の苛立ちにこそ、真実を示す核心がひそんでいるといえる。通常、人の心に怒りを引き起こす原因はほとんどが些細な物事であり、心理学者は、これらを「バックグラウンド・ストレッサー（裏側に潜むストレス要因）」と呼んでいる。

一つひとつは小さいことだが絶え間なく発生するので、溜まると病気を引き起こしたり悪化させたりする原因となり――ついでに言えば、アメリカ中西部の商店街で起こった銃の乱射事件もこれが原因だった――ほかのいかなるストレスにも劣らぬダメージを確実に与え続ける、というものだ。

個々のストレス要因が些細であるだけに、むしろいらいらの気持ちが倍加されるという悪循環もある。例えば、アパートの上階の住民が床をキーキー軋ませる音に怒りを覚えるが、それに加えて、そんな些細なことに苛立つ自分にも腹を立てることになるからだ。

われわれはただひたすらバックグラウンド・ストレスに耐えなければならない。とくに職場で体験するこの種のストレスは、周囲で発生するいろいろな物事を直接コントロールできないことが主な原因で、**コントロール度が低ければ低いほど、バックグラウンド・ストレスは増幅される。**

とはいえ、この傾向に変化を加える方法もある。簡単明瞭だが、びっくりするほど役に立つやり方をひとつ紹介しよう。

一枚の白紙とペンを手に自宅や職場の中を歩きまわって、あなたの気持ちを少しでも悩ますような物理的な事象を見つけてメモにとり（ネジの緩んだドアの取手や、靴下の予備が不足していることや、何カ月も前に袋に詰めたままになっているバザー用の衣類など）、その中で**一番厄介な問題を、すぐに処理する**のだ。ただそれだけでいい。要する時間はわずかで、得られる心理的な静穏効果は大きいはずだ。

もちろん、善良な仏教徒なら、ここで割り込んできて言うだろう。真の静穏とは日常の苛立ちの中にあってもなお平静を保つことである、と。つまり、苛立ちを解消するために周囲の事象をコントロールしようとしてはいけない、ということで、アメリカ人の尼僧ペマ・チョドロンもこう書いている。

「あなたの置かれた環境がどうであれ、たとえ精神科病院にいようと、平和で静寂な砂漠にいようと関係ない。どんな環境にあっても、あなたは朝目覚め、夜になると眠ることができる」。この観点から言うと、電車の中で携帯電話を使って大声で話をしている馬鹿な男がいても、彼は親切にもあなたに自己鍛錬の機会を与えてくれている、と思えばいい。この自己鍛錬はやってみる価値のあることだ。

長時間通勤してでも広い家に住むべきか？

アメリカの国勢調査は、労働者の通勤実態を定期的に発表している。そこでは通勤者をいくつかのカテゴリーに分類しているが、その中に「極端な通勤者」というのがある。パラグライダーで事務所へ通うぶっ飛んだ人たちを想像するかもしれないが、なんのことはなく、三時間以上かけて通勤する人たちを指したものだ。この調査が示す「極端な通勤者」の数は年々増加の傾向にある。しかも、それはアメリカに限ったことではなく、イギリス人もまた一〇パーセントの人々が一日二時間以上をかけて通勤していることが最近の調査でわかった。郊外の広い土地に住んでいる人なら仕方のない話だが、皮肉なことに、狭くてごみごみした場所に住んでいる人たちもやはり、住まいの環境とは関係ない別の理由で、通勤に長い時間をかけていることがうかがい知れる。

もう一つ皮肉な現象がある。金銭的理由で職場近くに適当な住まいを見つけることができず長距離通勤を余儀なくされている人たちだが、彼らは、お金に余裕ができてくると、今までより長い時間をかけてでも遠くから通勤しようとする傾向が見られることだ。おそらく、田園地帯やそれに準じた地域に住むことでそれまでより幸せになれると思っているからだろう。しかし多くの場合そんなふうにはならないことに後になって気付くのだが、初めから郊外の広大な土地に住み長時間通勤に慣れている人には、ちっとも驚くに値しないことだろう。

多くの研究が示しているように、通勤というのは、ストレスや社会からの孤立感と密接に関連していて、日常生活の中でも最も大きな苦痛を伴う活動の一つだ。得るものよりも失うものの方がはるかに多いことがしばしばある。スイス人エコノミストのA・シュトゥッツァーとB・フライはこれを「通勤のパラドックス」と呼んでいる。パラドックスと言うより「誤認」と言った方がいいかもしれない。人々は**慢性的に長時間かけて通勤することのマイナス面を過小評価する一方で、大きな家に住むことのメリットを過大評価する傾向にある、**というようなことだ。

　神経科学作家ジョナ・レーラーによると、通勤、それも特に自家用車での場合などは、予想のつかない出来事に遭遇することが多く、予想できる出来事にすぐに慣れてしまういわゆる「ヘドニック・トレッドミル」の効果を期待することができない。いずれにしても、毎日、退屈な儀式にみえる長距離通勤において予想のつかない事件に数多く遭遇するのだから、常に新たな挑戦をしているようなものだ。

　しかし通勤者が自由意思で選んだこの長時間通勤は、われわれがほかの分野でも犯している「考え方の誤り」の一例であることは確かだ。一見すると「いいとこどり」のように思える考え方ではあるが、相いれない二つの条件の利点を結合しようと努力する一方で、それに要する時間的、金銭的、エネルギー的損失は考慮していない。そうしたコストを無視した努力を通勤者は行っているのだ。

　もっとも、われわれが常日頃から目指している「バランスのとれた生活」という穏やかな響きを持つ考え方にも、問題があるようだ。つまり、仕事や家庭、友だち、趣味、気晴らし、旅行などの**バランスをとろうとする気持ちが強いために、かえって疲れきってしまう**という問題だ。気楽に過ごすには、なまじっかバランスなどとれていない方がいいのかもしれない。

もちろん、通勤そのものを楽しんでいるような人たちもいる――自家用車の中の静寂な空間で孤独を楽しんだり、iPodで音楽を鑑賞したり、仕事とプライベートの間で気持ちが移り変わっていく感覚を楽しんだり。中にはデスメタルやチェリー・コークを楽しんでいる人だっている。ことほどさように、世の中は理屈で割り切れないものなのだ。

悪い癖を直すのは、なぜ難しいのか？

人が新しい習慣を身に付けるのには、普通どれくらいかかるのだろう。何人かに聞いてみると二八日かかるという人、二一日だという人、なかには一八日で済むという人もいる。まあ人によってまちまちということだろう。いずれにしても私が言いたいのは、どんな回答であれ、具体的な数字を示せば、あたかも科学的で反論の余地のない、もっともらしい響きを帯びるという点だ。

こうした例はポピュラー心理学の世界に数多く見ることができる、いわばポピュラー心理学の智恵ともいえるものでもある。これが広まったのは一九六〇年代のベストセラー『**自分を動かす あなたを成功型人間に変える**』（小圷弘訳、知道出版）を著したマクスウェル・マルツに負うところが大きいようだ。整形外科医のマルツ博士は、治療した患者が、足を失ったという事実に適応するまで平均で二一日かかったということから「二一日のルール」という理論を思い付き、自己啓発で今やお馴染みとなっている理論を展開するにいたった。「人間のあらゆる変化にこのルールを適用できるのではないか。だとすれば人間の頑固な癖も二一日かければ変えることができるはずだ！」と、彼は考えたのである。

　これがまったくの嘘っぱちで、とんでもない戯言だったことは言うまでもない。その証明に、ロンドン大学ユニバーシティー・カレッジの心理学者フィリッパ・ラリーらの研究が一役買っている。

　彼女たちの研究の被験者たちは、例えば毎日果物を食べるとか、ジョギングをするなどの新しい習慣を身に付けようと試み、それらが元に戻ることなく自動的に行えるようになるまで、平均六六日もの気の滅入るような日々を要したというのだ。個人差も大きく、あることを習慣化するのに一八日しかかからなかった人もいれば、二四五日も要した人もいた――そして当然ながら、ほかと比べて固定化・習慣化させるのが難しいものもあった。

　これに対して、**「一八日ルール」とか「二一日ルール」のような神話の内容はといえばまったくくだらない**もので、例えば一日に食べるりんごの数を数個増やすことと一週間に五時間の中国語レッスンの時間を確保することが同じように容易であるとしていることなどである。またラリーの研究は別の神話も間接的に攻撃している。「新しい習慣を築こうとする場合、一日たりとも努力を怠ってはならない。もし怠れば、すべてが無駄になってしまう」という古い教訓がそうだが、実際は一日ぐらい手を抜いたところで何の影響も受けないし、こうした神話を信じることは何のプラスにもならないばかりか、一度でもコースから脱落したら二度と復帰できなくなると思い込んでしまう弊害の方が大きいだろう。

とはいえ自己啓発の世界では、「二八日ルール」という神話へのこだわりが依然として強い。思うにこれは、「習慣を変えるのに二八日かかる」という表現によって、一見難しそうな習慣の変更が基本的には容易にできることを示そうとしているのだろうが、ここでまず問題になるのは「習慣を変えるのはやはり困難だ」という事実だ。基本的にわれわれは「認知的倹約家」であり、つねに物事が「最短距離を進むように」、「できるだけ労力を少なくし自動化するように」われわれの頭脳は設計されている。にもかかわらず、習慣はこの頭脳の動きを抑制する働きをするのである。

心理学者のイアン・ニュービークラークはこんな疑問を投げかけている。「より差し迫ったことに取り組もうとする気持ちを邪魔するような習慣など、どうして維持する意味がある？」と。とは言っても、習慣というのは実に変え難いものなのだ。

さらに問題をややこしくしているのは、「**習慣を変える**」**ということが誤って理解されがち**だという点だ。われわれはパラドックスの罠に陥っている。例えば、テレビを頻繁に観てしまう癖をどうにかしたいと願う一方、たくさん観たいと思っているのもまた事実で、結局、今までどおりテレビを観続けてしまう、といったふうに。本当に望んでいるのはテレビを観たいと思わなくなることではないのか？

われわれは、古代ギリシア人が「意思薄弱」と呼ぶ状態に深くはまり込んでいる。最善の行動をとろうと決心しても、実際には別の行動を起こしてしまうのだ。しかし、ニュービークラークの言うように、これを逆の方向から見ると面白い結論にたどり着く。彼らは、**習慣とは**「**必要性に対する敏感な反応**」だと言う。これは明瞭なようでいて、習慣を変えようとする多くの人々が見落としてきていることだ。

仮にあなたが身体にあまり良くないものを食べたとしたら、今後は正しい食事をしようと心がけるだろう。だが、もしあなたがハンバーグやアイスクリームを、満足感や幸福感、リラックス効果といったことを求めて食べていたのだとすると、それらが健康に良くないからといってブロッコリーやニンジンジュースに変えようとすることは、水漏れしやすい風呂場の蛇口を直すのに台所の壁を塗り直すようなものではないか。必要とされるのは健康により良い食事ではなく、別の方法で満足感やリラックスを得ることなのだ。

「一連の習慣は、いつもはそれを感じ取れないほど弱々しいが、気付いたときには破壊しなければならないほど強くなっている」と、作家のサミュエル・ジョンソンは言ったが、われわれは問題を別の角度から眺めることで、この現代のパラドックスの罠から、さながら〝脱出王〟フーディーニのように抜け出すことができるだろう。

人前では不平不満をこぼすな

アメリカのミズーリ州カンザスシティにキリスト教ユニティ派のウィル・ボウエンという牧師

がいる。彼は『**もう、不満は言わない**』（高橋由紀子訳、サンマーク出版）という本を著し、「二一日間だけ不平不満を言わないようにしよう」という運動を世界的に展開しているが、まあ本書の読者がこの保守的な地方都市に住む牧師の教えに飛び付くことはないだろうと思う。

　ともあれ、私には彼の主張が、まるで「機械の中の忠実な歯車の一つになれ」と説く自己啓発本の片棒をかついでいるように思えて仕方ないのだ。それに、世の中にはむしろ不平不満を言うことに楽しみを見出している人だって少なくないだろう。かく言う私自身、私を見下して無能扱いした公共事業会社の連中に向けて、どっきりするような大げさな内容の手紙を次々と送りつけてやることにこの上ない喜びを感じているのだ。いや、そんな私を憐れんでくれるあなたの気持ちも痛いほどよくわかるんだけど。

「私は善良な小さい歯車ではないよ」とボウエン師は私に語った。彼からの課題を試してみる前だった。紫色のプラスチック製の腕輪をつけ、不平を言いたくなったらそれを交互に持ち替える、というものだ。ボウエン師は言った。「初めて、『ウィンジング（泣きごとを言う）』というイギリス人特有の英単語を知りました。不満を感じることは、前向きな変化の第一歩です。しかし、そこで私が言いたいのは、しっかり自制心を起こし、次にどんな変化を起こしたいか、よく考えなさい、ということです。ただウィンジングしているだけではダメですよ」

　初めのうちは一地方でしか流行らなかった「紫の腕輪」はインターネットを通じてたちまち全国に広まり、今や何百万人もの愛用者が身に付けている。自意識の強い私は、腕輪を腕から腕に持ち替えるのではなく、左右のポケットで移動させただけだった。その後、ボウエン師も承諾したが、腕輪の代わりに小物なら何でもいいことになった。要は、何か新しい習慣を身に付けるための宗教的な行動による心理療養術だったのだ。

ボウエン師は言う。「間違ったことをしている人たちを見つけたとき、中立の立場から彼らの行為を正すのは不平を言うことではありません」。彼が問題にしているのは、聞いていて気分が悪くなるだけの愚痴についてだ。**人々が愚痴をこぼす相手は、大抵の場合、それを聞いても何もできない友だちであって、彼らが本当に物申したい相手や組織ではない。**

人々が二一日間不平不満を言わなくなるまでには五カ月から七カ月かかる、とボウエン師は言う。私がこれを始めてからまだ二カ月も経たないが、実践していてひどくはっきりと自覚できたのは、経済的不正や戦争などに対しては以前ほどカッカしなくなったことだ。周囲の人々や仕事についての愚痴はこぼし続けているが、それもあまり時間をかけなくなった。そして非科学的ではあるが、泣きごとを言わないときにはとても良い気分でいることができる。多くの場合、話をすることは問題解決のために大切だが、何もしゃべらないことが役に立つこともあるのだ。

要するに、われわれが**不平不満を覚え、愚痴をこぼすのは、本当に物事を変えようとしているのではなく、その代替手段として甘んじているにすぎない**、とボウエン師は示唆しているのだろう。彼はこれをわかりやすいジョークで説明してくれた。いつも昼に弁当を持ち寄って一緒に食べている二人の建築作業員がいた。片方の男の弁当は、来る日も来る日もミートローフ・サンドイッチで、彼はいつも愚痴っていた。「あーあ、今日もまたミートローフか」。ある日、もう一人の男がいよいよ我慢しきれずに言った。「どうして別の弁当にしてくれってかみさんに言わないんだ？」。すると当の男は不思議そうに言い返した。「何を言ってるんだ？　これは俺が自分で作った弁当だよ」

〝前向き〟に節約する

ある程度仕方ないことだろうが、**自己啓発本を読み過ぎると、その本で述べられている人生の見通しが読者自身の人生観に入り込んでしまうことがある。**この現象は最近私が気になって仕方ないところだ。特に、昨今の自己啓発本に書かれている極端な経済危機の予測記事が私をはじめあまりにも多くの読者の心をとらえているのが気がかりである。

かといって、ホームレスに向かって、「お前が貧しいのは、お前がその道を選んだからだ（経済危機のせいではない）」と叫びたくなるほどの心境にまではいたっていないがね――ところで話はそれるが、この言い回しは作家のラリー・ウィンゲットの著書『You're Broke Because You Want to Be（お前がダメになったのは、お前がそうなりたかったからだ）』のタイトルをもじったものだ。「あなたが大富豪になれないのは、あなたがそれだけの苦労をしていないからだ」などとも言っている。

話を元に戻そう。私はこれまでに、たくさんの前向きな考え方に慣れてきたつもりだが、最近、友だちとの会話で苛立ちを感じる機会が多くなってきた。彼らは今すぐ貧乏になるわけではないし、現在の経済情勢が極端に悪いわけでないのに、競って将来の暗い見通しを語り合っている。そんなふうに将来について扇動的に語り合ったところで、何のプラスにもならないというのに。

そんなときに私を喜ばせたのは、テーマを「倹約」に絞った一握りのブログだった。物事を真剣に考え、しかし悲観的にとらえることなく、大きな困難に直面してもそれを楽しみながら、絶えず前向きにお金を節約する方法を確立しようとしているものだ（もっとも、マクロ経済的な物差しで見ると、この倹約という行為は事態を悪化させるものであることは、私も知っているので、本書の読者がマクロ経済的な見識で本件を判断しないよう願うばかりである）。

そうしたブログの一番の長所は、「ライフハック」の現象をマネー・マネジメントに適用していることだ。ライフハックとは、より幸せでより生産的な生活を実現するための方法のことだが、それを活用することでマネー・マネジメントを単なる雑用からマニア向けのプロジェクトに変身させて、私のような人間を喜ばせてくれるのだ。

倹約についてのライフハッカーたちの洞察力はすごい。その中心は、ことお金に関しては不合理な存在としか思われていない「人間性」を、個人金融の観点から合理的にとらえているところにある。「最近あなたは、ご自身の予算管理をしたことがありますか？　通常は、自制心に頼って精神力を相当消耗するものだが、それに代わって、もっと簡単にお金を節約する便利な方法を見つけなければならない」とウェブサイト「シンプル・ダラー」の運営会社のトレント・ハムは言う。例えば、自宅にクレジットカードを置いたままにするとか、「もしできれば」の話だが、あなたの支払い小切手の一部を利用しにくい口座にひそかに移しておく、とかいったことだ。

ところで、われわれはほとんどの場合、今現在所有する財産だけで何とか生活していくことができる。そこで、**今あなたの財産を実際より少なめに見積もり、それしかないことを自分の脳に信じ込ませれば、あなたはその範囲内で何とか毎日の生活をやりくりできるはずだ。**これこそが、最小限の苦痛でお金を節約できる方法だろう。

あるいは、借金の場合を考えてみよう。もしあなたが多重債務者なら、まず最も高い利率の借金を完済しようと考えるのが常識だろう。さもないと、お金を垂れ流しているようなものだから。しかし、ライフハッカーは「借金の雪玉」を選ぶ。金利がどうであれ、**まず、残額の一番少ない借金の雪玉から返済を始め、次々と返済額を増やしていく**のだ。数学的常識にはそぐわない方法だが、心理学的にはうなずける。まず小さな借金の雪玉を素早く返済することで返済意欲を高め、次の雪玉の返済にかかる。これを続けることで、借金返済の勢いを維持することができるのだ。

誰しも、ある程度は不合理な面を持っているものだ。課題は、その**不合理性といかに手を組むか、ということであって、敵対することではない。**

行列に並んで思うこと

一九八〇年代、アメリカの心理学者スタンレー・ミルグラムは一三〇人の研究者をニューヨークに送り込んだ。彼らの任務はただ一つ、行列に割って入ることだった。ミルグラムはユダヤ人を両親に持ち、ホロコーストのメカニズムを理解するために「権威への服従実験」を行ったことで有名だ。これは、本人の目には直接見えないところに置かれた未知の犠牲者に危険な電気ショックを与えるように誘導された（信じ込まされた）人がとる行動について研究する実験だった。ここで取り上げる「行列への割り込み」実験は、「権威への服従」実験ほどは世間の注目を受けなかった。しかし、それでも十分に挑発的な内容であったことは間違いない。

研究者たちは、どこかで行列を見つけ、その三人目と四人目の間に割り込むよう指示されていた。「すみません。ここに入りたいのですが」と言うだけで、その後どうなるかを見てみよう、という主旨だった。実験の結果、全体の約半数において行列の誰からも文句が出なかった。深刻な対立が起こったのは、わずか一〇パーセント程度にすぎなかったという。そこでミルグラムは推測した。人々は単純に衝突を恐れただけではないだろう。行列の誰もが行列の秩序を保ちたいと思い、そのためには、たった一人の規則違反者なら黙って受け入れる方が、捕らえて戒めたり、喧嘩をして行列全体を遅れさせたり崩してしまう危険をおかすより、ずっとましだと判断したのだろう。

行列は、人の繋がりをコントロールする暗黙のルールに支配された一つの小宇宙ともいえるが、それだけではない。焦燥や落胆、そして幸福な生活を妨げるさまざまな低レベルの障害に最も頻繁に遭遇する機会でもある。企業はこれをよく知っているから、さまざまな方策を使って時間が早く流れるように工夫している。

ビジネス界の大物アドバイザー、デービッド・マイスターは論文「行列で待つことの心理学」

の中で、**際限なく待たされるのは定められた時間を待たされるよりも長く感じる**、と言っているが、これは、ディズニーランドが複雑な公式を用いて待ち時間を計算して表示している理由でもある。また、「開幕前」の待ち時間は「公演中」の休憩時間より長く感じられる。そのため、開店前から席を客に提供するレストランもある。スーパーなどで自分の前後に列ができているのを見ると幸せを感じる人が多い。レジが混んでいるとき、「スタッフは全員レジへ」という館内放送がなされるが、これはスタッフに向けただけのものではなく、レジに並ぶあなたの意識をくすぐる効果も計算されたものだ。何かをしているときは、何もしていないときより時間が早く過ぎるように感じるものだが、行列の横に鏡を置くと効果がてきめんに現れる。人は自分の姿をあれこれ眺めるのが好きなのだ。

　何となく「自己改善」の気分になっているときにも、行列は絶好の機会を与えてくれる。心理療法士のアルバート・エリスが「高度欲求不満の許容範囲」と呼んでいる考え方を展開させてくれるのだ。言い換えると、自分の考えていることをよく観察することで、**「今したいと望むこと（してほしいこと）」と「今直ちにしなければならないこと（されなければならないこと）」とを識別する方法**を身に付けられるのだ。例えば、「今すぐに料理を出してほしい」などと思うのと、「今すぐに食事をしなければならない」などと思う感情の差について知ることができるわけだ。

　さらにもう一つ、鋭く心の的を射るものが行列にはある。われわれが人生のいかに多くの時間を、まるで行列に並んでいるかのような心境で過ごしているか、という反省だ。つまりわれわれは、**いつも将来に向かって前のめりの姿勢で、今後のことしか考えず、今は何も起こらないでほしいと願っているのだ。**精神世界の指導者とも言われているエックハルト・トールが言うように、待っている間はあくせくせず、うんとリラックスしてみてはどうか？　あわただしく起こる出来事の中でちょっと立ち止まって、オアシスで休憩しているような気分になってみたらどうか？

私は、そんな気分にはとてもなれない。だが、試してみる価値はある。行列の中で楽しみを見つける方法がないか、考えてみる。そうすれば、どんなことにも楽しみを見つけることができるだろうから。

〝ニュース断食〟をやってみた

人生を改善する最良の方法はニュースと縁を切ることだ、と言う人が多い。幸福についての本を著している作家だけでなく、私の友だちの中にもそう主張する人がいるのには驚きだ（こういう連中の中には、CNNを茶化して「コンスタント・ネガティブ・ニュース（絶え間なく続く悪いニュース）」と言い換える者もいる）。ニュースかぶれの私は、いつも彼らを無視し、小馬鹿にしてきた。この世の中で起こっていることを知るのはわれわれの道徳的義務ではないのか、という思いがあったからだ。もっとも、人生の大半を新聞記者として費やしてきた私がこんなことを言うのはむしろ当然で、それは私の自己本位の考え方だとしか取られないことはわかっている。

その一方で、ニュースなど排斥すべきだと主張する人たちの言い分にも説得力がないわけではない。『**ニュースをみるとバカになる10の理由**』（林岳彦・立木勝訳、ＰＨＰ研究所）を著したジョン・サマービルは言う。「ニュースを毎日報道する理由は、ただ一つ、絶えず新しい情報（産業）を生み出すことにある」と。報道機関が抱く関心は決まっている。彼の言い方を借りれば、世の中を「激動と散乱」の状態にあるとし、しかも絶えず変化してやまないものとみなす人々の考えをやたら煽ることにある。

「俺は新聞を読まないことにしている」と、一匹狼のエコノミスト、ナシム・タレブが私に話したことがある（こともあろうに、新聞記事用のインタビューの中でだ）。彼が新聞を読まないようにしているのは、「新聞は読者を愚かにしていくだけだから」だそうだ。「新聞は毎日、何かしら新しい物語を創り出さねばならない。エンジニアが『シグナルとノイズの比率』と呼んでいる指標で示すとお粗末な結果しか出ない。しかも、ニュースが報じた重大事件のうちどれが本当に重大だったのかがわかるには、何週間も、いや何年も経ってからのことだ」

私が最終的にニュース断食、つまり「ニュースなどの一切の報道からの回避」をしてみようと思い立ったのは、進化心理学者のディードリ・バレットの示唆があったからだ。彼女によると、**ニュースは「超常的刺激」になる可能性がある**、という。

人間は特定の刺激に反応しながら進化してきたが、そうした刺激を人工的に作り変えることで生まれた新しい刺激は、われわれを欺く効果を持っている。例えば、ある鳴禽類は本当の卵を孵化させようとせず、けばけばしく大きめに作られた偽の卵の上に座ろうとする。人間の場合、この顕著な例がポルノグラフィーで、これは一種の進化的詐欺行為を押し進めるものだ。本当の肉体の代わりに「肉体の写真」に惹かれるという行為は、どう考えても人間の遺伝子を再生させる上で優れた行為とは言えない。

ニュースがこれらと同じ働きをするとすれば、どうだろう？　先史時代の人間は生き残りを左右する情報に飢えていて、将来の危険やチャンスを教えてくれるような新しい出来事に魅せられた。それには大切な意味があった。しかし、今や「最も壮大で劇的な災害を求めて、この地上を限なく走りまわる」ことにうつつを抜かすわれわれは、この種の事件への飢えを進行させるだけであって、何のメリットももたらさない、とバレットは著書『Supernormal Stimuli（超常的刺激）』に書いている。

そこで私はやってみた。新聞記者という制約があったため、わずか六日間だったが、最初の二日間は「ニュース中毒」の意味をいやというほど味わうこととなった。おそらく回復中の中毒患者が感じるだろう苦しみを体験させられたのだ。無意識のうちに自分の手が這うように動き出し、パソコンのマウスや、ラジオのスイッチにまで伸びていこうとする。ハッと気付いて、途中で手を止めるが、いつもタイミングよくいくわけではなかった。しかしそうしているうちに、私の気持ちは周囲の物事に動じなくなっていった。バーで会った友人は、私が聞いたことのないニュースを教えてくれたが、それは私たちの会話の障害にはならなかった。

ニュースを断つという決心は、結局のところ長続きしなかった。私は、以前に劣らず、ニュースに親しむ基本姿勢の重要性に思いを馳せるのであった。だが、今回のニュース断食の経験を通して得た収穫もある。それは、私の人生から一時的に何かを完全に除去してしまうことによる利点ではなく、**すでにそれまでに取り入れてきた知識をあらためてより一層明確に意識することができる**、ということだ。

私は、かつて太平洋で大地震があったことやユーロ圏に新しい財政危機が襲ってきたことも知っており、それらについてもっと詳しく追究したい気持が強くなってくるのである。ただし、具体的に何を追究するかについては、私なりの考えがあり、興味本位で選択する気などはさらさらない。例えば、アルコール中毒のアイドル女優リンジー・ローハンが刑務所から出所したとか、短気で粗暴な男優のラッセル・クロウが他人目がけて電話機を投げつけたとか、などのニュースは、私にとってそれ以上深く知る必要のないものだ。

「賢人が無視したいと思うことは山ほどある」と言ったのは、一九世紀の思想家であるラルフ・ワルド・エマーソンだが、これはローハンやクロウの事件に対する私の考え方のスタンスでもある。

寝ようと努力するほど眠れなくなる悪魔のメカニズム

一晩六時間に満たない睡眠時間を続けているといずれ早死にするというのは、不眠症の人たちが誰よりもよく知っていることだが、これはイギリスのウォーリック大学とイタリアのナポリ大学の、睡眠について研究している科学者たちが発見した事実だ。一晩中死について考え悶々として眠れない状態が続き、しかもそんな状況が自らの死期を早めていることに考えを巡らせなければならないのだ。何という皮肉だろう（いつ死ぬかは別にしても）。

つねに睡眠不足の状態にある人には言うまでもないが、こうした皮肉は不眠症そのものの中に根深く潜在している。これは、ハーバード大学の心理学者ダニエル・ウェグナーが「皮肉なリバウンド効果」と称する現象である。寝ようと努力すると、間違いなく眠れなくなる。**不本意な考えを抑えつけ不安を払拭しようと努めると、悪魔のメカニズムに陥ってしまう**、とウェグナーは言う。自分自身の心を何らかの方法でコントロールしようとすると、心の中の監視カメラが稼働し始め、行動の一部始終をモニターして、最後にすべてをぶち壊す。眠れないことにいらいらし、心配事にやきもきし、幸せな思いになれないことに腹を立てるのだ（古典的な実験の中に、参加者にシロクマのことを考えさせないようにする実験がある。今から六〇秒間、シロクマを頭に描かないように、と言ってスタートするが……そう言った瞬間からすでに失敗しているのは明らかだ）。では、逆に、わざと眠らないように努力すればどうだろう。それは一つの解決策のように思えるが、本当に効くのか？　確かに、しばらくの間は効き目がある。しかし、本当の目的が眠ることにあることに気付くと、途端に監視カメラが働いてすべてをパーにしてしまうのだ。

それでも、眠るための努力を続けるべきだろうか？　不眠症患者としてはまだ程度の穏やかな私が、本物の不眠症の人たちに対してこんな話をするのは少々おこがましいような気もするが、あえて薄氷を踏む思いで申し上げると、ただ忌み嫌うのではなく、**少なくとも興味深く観察する**

だけの価値が、不眠症にはあるのではないだろうか。といってこれは私の持論というわけではなく、不眠症患者でもあったルーマニアの哲学者E・M・シオランの発想だ。彼は不眠の中に何かしら本質的に人間的なものを見出していたようで、こんなふうに書いている。「不眠症の重要性はあまりにも大きいので、私は人類を眠ることのできない動物と定義したほどだ。眠りたくても眠れない動物は人間のほかにいない」

　数々の心配事に縛られて眠れない夜が延々と続き、なすすべもない状態の日々を送る不眠症患者がほとんどの中で、シオランだけは真実と出会い、自然のままに生きていることを実感し、人生の意味すら解明しようとしていたのだ。後に、シオランの研究家ゴードン・マリノは『ニューヨークタイムズ』紙のエッセイ欄に書いている。「結局のところシオランは、長い不眠の夜旅が終わり、ぼんやりと淡い光の朝になるのを感じて、その両方に押しつぶされそうになりながら、自分の感性を磨き上げていったのだろう」。シオランは「眠っている人から、どんな豊かな不思議に満ちた作品が生まれたというのか？」と問う。まるで周りの世界から切り取られたかのように、ほかとの調和をみないこの奇妙な時間帯の中で、シオランは自分だけの非凡な創造力を発揮したのだ。それはそんなに楽しい経験ではなかっただろうが、まぎれもない現実だった。

　おそらく、シオランのようなケースは極端な例で、今日では睡眠を減らすよう勧められることなどほとんどないだろう。しかし、少なくとも彼は、二四時間のサイクルの一部でありながら、通常の世の中の動きからは分断された特異な雰囲気をまとった時間が存在し得るということを示唆してくれた。中世の農夫たちは、しばしば一日に寝る時間を二度に分け、睡眠と睡眠の間に平穏な半睡状態の時間を持ったという。同じように、夜中に目を覚ますことには良い面がある。といって、仮にそのとおりだと信じてみたところで、なかなか簡単にはいかないことに気付くだろうが。

身の回りのモノへの感情

現代アメリカの風刺作家ラッセル・ベイカーは、次のように宣言したことで有名だ。「無生物には敵意があり、彼らの目標は人間に反抗し、最終的に打ち負かすことである」と。この哲学的な考え方は、最初一九四八年にイギリスの雑誌『スペクテイター』に載り、「レジスタンティアリズム（物敵意説）」という名前が付けられた。例としては、つまずきそうな床板や、手間暇かかる組み立て式本棚、口の開かない瓶といったものを挙げることができる。

言うまでもなく、われわれ人間とこれら無生物の感情的な繋がりは、そうした偏執的な考え方だけで説明できるものではない。そこには、われわれ人間同士の感情のように、さまざまなパターンがある。

ちなみに、私はバスルームのシャワーに対して一種の低レベルの軽蔑感を覚えている。そいつは怠け者で、仕事にあまり熱を入れていないと思っているのだ。逆に、大切にしているモレスキンのハードカバーの手帳からは、いつも本物の暖かみが感じられる。いずれの感情も、それほど強烈ではないが、いつどこでも感じることができるものだ。また、大抵の場合、携帯電話と一緒に過ごす時間の方が、奥さんや子どもや友だちと過ごす時間より長い。ということは、**携帯電話に対してどのような感情を抱くかによって、あなたの人生の幸福の度合いも左右される**だろう。デザイナーのドナルド・A・ノーマンは著書『**エモーショナル・デザイン　微笑を誘うモノたちのために**』（岡本明・安村通晃・伊賀聡一郎・上野晶子訳、新曜社）の中で述べている。「**人と物の間で交わす楽しく効果的な意思疎通は、人間同士《われわれ》で交わすものとまったく同じである**」と。

　マーケティングを仕事にしている人たちも、この種の感情の重要性についてくどくど説明したがるが、彼らが言っているのはノーマンが「デザインの『屈折した』イメージ」と呼んでいるもので、例えばあなたが好んで買ったブランド品が「iPod」だったとき、それはあなたの人柄を表すものにほかならない、ということだ。これに対してノーマンが注目しているのは、理屈抜きに直感的なもので、おそらくは人間の進化の過程で身体にしみ込んだと思われる肉体的で感覚的な感情である。堅固でしっかりした造りの均整のとれたテーブルは、あなたがどんな思い入れで買ったかにかかわりなく、それなりに文句のつけようのない印象を与えている。これに対し、はるかに複雑な電子製品などはその内部が外から見えないように覆われているので、一見したところ、テーブルなどよりずっととっつきにくく、何を考えているのか計り知れない表情をしている。「今日の技術進歩の副作用と思われるが、われわれは心を通わすべき相手に憎しみを覚えることが珍しくなくなった」と、ノーマンは言う。

　これに対して合理主義者は反論するだろう。たかが知れた「物言わない物体」じゃないか、なぜそんなふうに擬人化しようとするのか、と。しかし、われわれはやめない。ノーマンが言うように、無生物を直感的に擬人化することがそんなに奇異なことだとは思っていないからだ。結局は、電話やシャワーの外見から自分たち人間に示す態度を推察することで、われわれ自身の意図的な行為を電話やシャワーのせいにしているのだ——これは、突きつめていくと、われわれ人間同士でも互いにやりあっていることではないのか？　身近な人のことを考えてみればよくわかる。

この擬人化がわれわれにとって抗い難いものだとすれば、むしろそれを大切にしていくことが賢明だろう。そうすることで、われわれは自分たちを幸せにする無数の無生物に囲まれて過ごすことができるのだから。多分、それは甘すぎる考えかもしれない——だが決して難しいことではない。なぜなら、好意的で魅力的な物体は高価なものである必要はないから。実際、私の経験から言えば、高価な物は得てして悪い態度をとりがちだ。やつらは当然の権利者のごとく振舞う。私の怠け者のシャワーも結構高価なものだったが、私の手に負えないやっかい者だった。そのうちに、別のシャワーにとり代えようと思っている。

すばやく決断する三つの方法

ベストセラー**『10−10−10　人生に迷ったら、3つのスパンで決めなさい！』**（小沢瑞穂訳、講談社）を書いた自己啓発界の大物作家スージー・ウェルチに対して、私はちょっぴり物足りない思いを抱いている。彼女は物事を決断する方法として「10‐10‐10」方式を提案しているが、これは本当に賢明な方法だと思う。もしあなたが何らかのジレンマを感じたとき、10分後、10カ月後、そして10年後にはどうなるだろうか、と自問しなさい、というものだ。このプロセスを踏むと「無意識だった検討課題が表面に浮かび出てくる」と言う。これによって明らかになるのは適切にバランスのとれた長期・短期の見通しであって、衝動的に快楽を求めたり、渋面で将来を達観してみたり、などというものではない。「どう？ 簡単？ いや、それほど簡単じゃないのよ！」、と本の宣伝文に書いているが、実際のところ、それはごく簡単なことなのだ。

この本の強みは正にその一点にある——多少卑怯な言い方をすれば、私が今述べたことがこの本に書かれていることのすべてだ、ということだ。実際に物事がこれほど簡単に片付けられるなら、それは間違いなくこの本の売れ行きに影響することだろう。

とはいえ、この「10‐10‐10」のように、**物事を決断する方法はごく簡単でなければならない**。というのは、われわれが日常生活で決断を迫られるのは、ほとんどの場合、些細なジレンマの数々だからである。これとは反対に、人生を左右するような重大な問題はゆっくりと時間をかけて友だちと相談すればいいのだ。しかし、おかしなことに、多くの人々は取るに足らない問題を大問題と同様におおげさに考えるきらいがある——この私もそうだ。今まで何度も熟考する機会のあった真実を、今この瞬間もくよくよと考えている。

ここで私が勧める決断方法を三つ紹介しよう。

【5-3-1】

二人の間でレストランや映画を選択する際に頼りになる方法がこれだ。まず、一人が五つの選択肢を選び、もう一人がそれを三つに絞る。そして最初に選んだ人が三つの中から最後の一つを選ぶ、というものだ。「おかげで、私と友だちは二つ以上のチャンスがありながら、最後の一つが選べないために餓死するという事態から免れることができました」と、実践者は感謝を述べている。ちなみに二人はこのルールを使うことに前もって同意していなければならない。そうすることで、「5-3-1」の使用がジレンマにならなくて済む。

【最低限の要件を満たせ】

「満足化(Satisficing))」という言葉を考え出したのはエコノミストのハーバート・サイモンである。基本的には、「最大の効果」が「好結果」の敵にならないように(最大の効果を狙うあまり、本来訪れるはずだった好結果を犠牲にしないように)することを目的に造られた言葉だが、実際にはもっと厳しい意味を持っている。つまり、ある**特定の結果を出すためには最小限の必要条件を満たすように行動すべき**だ、ということを意味しているのだ。例えば、最初から最高の朝食付きホテルを探すよりも、まず最も重要な判断基準を設け——おそらくは「森林地帯に近いこと」「立派な朝食が付くこと」「ウェールズ地方であること」など——それらの条件をすべて満たす最初のホテルを選びなさい、というように。これだと、いたずらに魅惑的な広告に注意を奪われることなく、はるかに少ない労力で、求める条件を満たす物件のうち最善に近いものを探し当てることができる。

【三七パーセントのルール】

連続して提示される候補の一つひとつについてイエスかノーかを決めていく、という方法。これは例えば、アパートの空き部屋探し（ちょっとでも躊躇すると可能性が消えてしまうケースが多い）やハイキングの途中でこれからの行き先を決める場合（それまで歩いてきた道を戻りたくないという前提で）などに有効だ。候補の合計数――チェックできるアパートの部屋の数や、訪れることのできるピクニックスポットの数など――が予測できる場合に使えるのが、三七パーセントという不思議な数字だ。

最初に提示された三七パーセントの候補をすべて拒否し、その後に続く候補の中で、それまでの三七パーセントと比べて条件の良い最初のものを選ぶのが最善策だ、というのだ（もしそれでも選べなければ、最後の候補に決めればいい、という）。『Lecture Notes in Economics and Mathematical Systems（経済学と数学的体系に関する講義ノート集）』の中の記事によると、この三七パーセントのルールは結婚相手を選ぶのにも適用できるそうだ。でも、この出版物がロマンチックなアドバイスをしてくれるものだとは到底思えないのだが。

騒音との付き合い方

「騒音ノイローゼなのでは？」と聞かれそうなくらい、私は時間をかけて完璧な耳栓を探し、高価なノイズキャンセリングヘッドホンをいくつも買っては返品してきた。オフィスでは、仕事仲間の叩くキーボードの音に悩まされないように、ヘッドホンでホワイトノイズの録音に耳を傾けたりした。雑音を除去する建築現場用の耳あてを買おうと思ったこともあるが、建築現場などは私がめったに経験することのない環境なのでやめた。リラックスできる自然の音を収録したＣＤも持っている。これは近所の猛烈に頭にくる騒音に対抗する効果がある。

さて、こんな私だが、自己弁護のためにショーペンハウアーの『On Noise（騒音について）』というエッセイの一文を引用したい。「騒音に敏感でない人たちがいる。彼らは、議論や思想、詩や芸術にも敏感でない……理由は、彼らの脳組織が極めて粗雑にできているからである」

いろいろ書いたが、これらを通して私が学んだことが二つある。一つは、ハワード・レイト・マックスという完璧な耳栓を見つけることができたこと。もう一つは、静寂を求めようとする際に感じる矛盾である。**静けさを手に入れようとすればするほど騒音に悩まされる**、というパラドックスだ。仮に、ある対象を静かにさせることができても、今度はそれ以上に残りの音が気になり始める。だから、英国のＮＡＳ（騒音抑制協会）のような団体で働く人たちの健康が心配だ。彼らが絶えずいらいらする環境に置かれているのは間違いないから。

異常に大きな騒音——私が今まで何とか我慢できた限度をこえるような騒音——が、人間に、特に子どもたちに深刻な心理的影響を及ぼすことは、われわれもよく知っているところだ。ニューヨークのある学校での話だが、線路に面した教室で勉強している子どもたちは、同じ建物の別の教室で勉強している生徒たちより、成績が一年遅れるらしい。同じことがロンドンのヒースロー空港の騒音にも言える。ドイツでは旧ミュンヘン空港が閉鎖され、新空港が開業した一九九二年以降、旧空港跡近くの学校での学業成績が上昇したのに対し、新空港近くの学校では学業成績の低下が見られた。なお、生徒たちのストレスホルモンの増減は学業成績と逆の動きを示していた。肉体にもさまざまな影響があることは言うまでもなく、心臓発作もその一つだ。

もちろん、すべての騒音が悪いわけではない。海岸の波の音など、自然の音はどこで聞いても元気を回復させてくれる。ただ、自然らしさが音の良し悪しのカギではなさそうだ。ホワイトノイズは安定しているが、そのためかえって不自然である。しかし、ホワイトノイズを聞いた赤ちゃんは、ほかの雑音を遮断しなくても眠りにつくそうだ。

では、私の耳栓探しの旅は一体何だったのか？　私が最後に悟ったのは、すべての音をシャットアウトすることでも、すべての不自然な音を消すことでもなかった。それは、**私が好きでなかった音、コントロールできなかった音、私を軽蔑しているような響きのする音を排除すること**だった。二組のうるさい家族と同じアパートの下の階に住んでいたときのこと、一組の家族は自分たちの起こしている騒音問題に気付いて態度を改めたが、もう一組は改めようとしなかった。それぞれへの私の怒りの程度の違いがいかに大きかったかは言うまでもない。

あるとき、私はマサチューセッツ州の松林の中で数日過ごしたことがある。宿の部屋に案内されたとき、私がまず耳にしたのは、絶え間なく何かが大声で吠えているような音だった。交通量の多い高速道路のそばの部屋をあてがわれたのか、と一瞬思い、怒りが込み上げてきた。そこで、窓のブラインドを開けた私は、音の正体が松の木々の間を吹き抜ける風だったことに気付いた。それは、まったくすばらしい音色だった。

第8章

安易についていくな！

――大物、超人、その他いかがわしい人物

カルト教団「サイエントロジー」の手法

「サイエントロジー」というのは、「人間の精神の浄化と向上を図り、世界の平和と幸福を目指す」ことを主旨とする新興宗教である。その信徒であるサイエントロジストたちの集会場を「ライフ・インプルーブメント・センター」といって、ここでは「オーディティング」と呼ばれるカウンセリングが行われ、さまざまな自己啓発セミナーも開催されている。ここロンドンにあるセンターの新しいきらびやかな建物を訪問したとき、私には何の偏見もなかった、と言うと嘘になる。かといって、私が彼らの主義や信条に特別な反感を持っているわけでもなかった。サイエントロジストたちが信じているのは、約七五〇〇万年前に銀河系の支配者が地球にやってきてたくさんの死者の魂を火山に幽閉し、それが原因でこの地上の災難が始まったとして、**地球を救うためにはサイエントロジー教会に多額の寄付をするしかない**、というものだ。そんな信条など、私にはどうでも良かった。むしろ、彼らにいかがわしい点があったとしても大目にみてやろう、というぐらい寛大な気持ちになっていた。

かつてこのセンターは、無償で性格診断などをしてくれるみすぼらしい店舗だったが、サイエントロジストたちによって改造され、今や華やかな招待施設になっていた。あたかも、自分たちが秘密主義のカルトだと思われないように機先を制したかのようにも見える。笑みを絶やさないスーツ姿の男が私に話しかけ、ビデオを観るよう誘った。「ビデオの後、少し説明させていただきます」と言ってまたほほ笑む。彼が笑みを絶やさないことはもう書いたっけ。

私は自己啓発の世界を研究すればするほど、天使や精霊の導きを信じるような人々に対して寛大な気持ちになった。彼らのほとんどは善意の人たちなのだ。彼らが人生について語るときの隠喩に私がついていけなくても、それはそれでいいと言ってくれる。だが、サイエントロジストは、自分たちが科学的であることに異常にこだわる（その名前「サイエントロジー」が示唆している）。ビデオの説明によると、人間の頭脳は人生の記録を取る二台のビデオデッキのようなものだ、という。衝撃的な事件に遭うと「善い」方のデッキのスイッチが切れ、「悪い」方のデッキが動き始める。そして、サイエントロジーの「オーディティング」、つまりカウンセリングを受けると、記憶が苦悩から切り離される。すると、たちまち頭がすっきりしてくる、というわけだ。ビデオに登場した一人の人物が、そのプロセスを見て科学的な発言をする。「ほら、ご覧なさい！　本当にうまくいっているじゃないですか！」

笑顔の男は「Eメーター」というサイエントロジーの機械に私を座らせた。一つのダイヤルと左右一組の金属缶からできているもので、金属缶同士はワイヤーで結ばれている。それぞれの手で金属缶を握ると電流が私の頭脳を通過する仕掛けになっている、とのことだった。**私の頭の中に何か悩ましい思いがあると、それを感知してダイヤルの針が動くという**。「それでは、あなたがストレスを感じたときのことを考えてください」と言われ、私は大学時代に受けた試験を思い起こした。しかし、針は動かなかった。しばらくの間、笑顔の男は何も言わなかった。「それでは、とても悲しかったときのことを思い出してください」。私は、仲間と喧嘩別れしたときのことを思い出そうと懸命になって神経を集中させたが、針はビクとも動かなかった。「少し時間がかかることもあるのです」。そう言いながらも、男は笑顔を絶やさなかった。

ひょっとしてこの「Eメーター」というのは「熱センサー」のように簡単な仕掛けなんじゃないか、と考えた私は、試してみたくなって**両手の缶を思い切り握りしめた。すると、ダイヤル針が目盛いっぱいに振り切れたのだ。**「ほら、ご覧なさい。何か、考えていたのですね？　ちゃんと動くじゃないですか」と男は言った。「面白いですね」と私は答えたが、それは嘘ではなかった。後で、男は私をオーディティングに連れていこうとしたが、公平に言って、それほど躍起になっている様子ではなかった。しばらくして、私はセンターを離れた。

私は、サイエントロジーに啓発されたわけではない。ましてや、この恐ろしげなカルト教団に吸い込まれたわけでもない。しかし、私のようにちょっぴり人生の一部を浪費してしまったと後悔しても、軽い当惑を覚えたい人なら、あのライフ・インプルーブメント・センターを訪問してもいいのではないか。

『ザ・シークレット』にはうんざり

過去一〇年間に爆発的に売れた自己啓発書の一つにロンダ・バーンの『**ザ・シークレット**』（山川紘矢・山川亜希子・佐野美代子訳、角川書店）がある。この世に存在する唯一の圧倒的なパワーを持つ秘密（ザ・シークレット）について書かれたものだ。この秘密の知識は、史上の偉人たちの誰もが持っているものだったが、「それを知った人たちは人生が一変してしまった」という。プラトンやレオナルド・ダ・ヴィンチ、それにシェイクスピアなどは、この神秘的な知識を自分たちだけのものとして大切に保護し、ほかに広がらないように注意を払ってきた。そして、ニュートンからベートーベンへ、さらにはアインシュタインへと、世代をこえて伝えられてきた。それは今、ベストセラー『ザ・シークレット』の著者で、オーストラリアのお昼のテレビ番組のプロデューサーでもあるロンダ・バーンに引き継がれた。プラトン、ダ・ヴィンチ、シェイクスピア、ニュートン、ベートーベン、アインシュタインときてオーストラリアのお昼のテレビ・プロデューサー、ロンダ・バーンへと繋がるわけだが、**この中に一人だけ相応しくない人物が混じっているように思えるのだが、どうだろう？**

いや、似つかわしくないのはきっと私自身のことだろう。ロンダ・バーンの『ザ・シークレット』は世界中で何百万部も売れている。映画化もされてＤＶＤも好評だ。アメリカのトーク番組でも二回紹介され、『ニューズウィーク』の表紙にもなった。大西洋の両側で何週間にもわたってポピュラー心理学書のベストセラーの地位を占め、しかもあらゆる分野で最速販売記録を達成してきた。もっとも、その理由ははっきりしているが――つまり、残念ながらそれは「手抜き」の一言に尽きるのである。多くの他の作家たちが進めているニューエイジ運動の考え方を反映しているものの、**『ザ・シークレット』は、一般常識を残らず剝ぎ取った超凝縮版になっている**のである。「人生で手に入れたいものがあれば、それに意識を集中すればいい。ただそうするだけで十分な効果を期待することができる」と主張しているのだ。映画では、欲しいと思う高価な品物を自分が手に入れる場面をひたすら想像する人々のひたむきな姿が描かれている（絶え間ない物質主義こそがこの作品で繰り返されるテーマである）。そうした想像を繰り返し行えば文字どおり現実を変えることができ、望む物を手に入れることができる、というのだ。これは一見、シェイクスピアやアインシュタインを成功へ導いた考え方に似ているが、違う点はシェイクスピアやアインシュタインがほかの誰よりも並はずれて賢明だったということにあると、私は思っている。

とにかくそういった『ザ・シークレット』にまつわるもろもろの現象にうんざりしている私は、ここに謹んで「ジ・アンチシークレット」を提案してみたい。断っておくが、これらは実際に公表されている科学的考察の裏に隠された知識に基づく提案である。

【ジ・アンチシークレット１：ネガティブな思考に徹しよう】

心理学者ジュリー・K・ノレムは著書『**ネガティブだからうまくいく**』（末宗みどり訳、西村浩監修、ダイヤモンド社）で、「普通の悲観論者は幸せな人生を送るのにぴったり適応している」と述べている。これに対して、ポジティブな考え方の人は絶えず神経を張り詰めて、物事がうまくいくよう自分を追い詰める。「**守備の姿勢をとる悲観論者**」**は最悪のケースを描いて計画を立てるので、行動の障害となる不安がなくなる。**

【ジ・アンチシークレット２：選択肢を限定しよう】

あまりに多くのことを選択すると、悲惨な結果を招くことになる。**何でもできると信じること**

は、麻痺状態に陥る原因である。心理学者のダン・ギルバートはある実験結果に注目するよう示唆している。それは、学生たちに何枚かの写真を見せ、その中の一枚を取ってもいいと言ったところ、最初に選んだ写真から変更はできないと言われた学生は、後で選び直せると言われた学生よりも、自分の選んだ写真に愛着を感じた、というものだ。

【ジ・アンチシークレット3：周囲の環境を気にしない】

周囲の環境がわれわれの生活に及ぼす影響は思ったより小さいものだ。事故に遭って下半身麻痺になった人も、宝くじに当選した人も、一年後には以前と同じくらい幸福だと言っている。カリフォルニア大学のソニア・リュボミアスキーによると、**人間の幸福は五〇パーセントが遺伝によって決まり、四〇パーセントが自分の意思による行動や考え方で決まる**そうだ。**環境から受ける影響はわずか一〇パーセントにすぎない**、という。ロンダ・バーンが荒稼ぎしている膨大な富も、結局は彼女を幸福にすることには繋がらないのかも。

気の短いスピリチュアリスト、ウェイン・ダイアー

ベストセラーを連発している自己啓発の大物作家ウェイン・W・ダイアーが楽園の島マウイに住んでいることは、多くの人の知るところとなっている。本人が著書のいたるところで脈絡もな

く頻繁にそう書いているせいだが、だからといってダイアーが貧しい人々の気持ちを察することのできない無神経な人物だとは思わないでほしい。パラダイスの島にだって気に入らないことはいくらでも起こるのだから。

彼の著書『**自分のまわりに「不思議な奇跡」がたくさん起こる！**』（渡部昇一訳、三笠書房）の中に、こんなエピソードがある。「庭の手入れのために庭師たちが一週間に二度やってくるが、そのときに芝刈り機が出すすさまじい音には我慢できなかった。しかし、庭師たちに対し、心の中で『サイレント・ブレッシング（無言の祝福）』を与えると、不思議にも怒りが静まることがわかった」。そしてそれ以降、まったく気にならなくなったそうだ。

さらに悪い事態に遭遇したときの話もある。それは、ダイアーが講演のためにハワイを離れようとしているときに起こった。注文していたサンドイッチがホテルの部屋に届けられなかったのだ。ルームサービスが閉まっていたためだったが、怒り心頭に達したダイアーは、今にも自制心を失いそうになっていた。しかし、そこでふと思い出したのが、前日に講演で話したことだった。「望まないことに遭っても、やっきにならないように」。そこでダイアーは、大きく深呼吸をし、自分でサンドイッチを取りに階下へ降りていった。「捨てる神あれば拾う神あり」、というところか。

ダイアーが無一文から一躍マウイの名士になったのは、一九七六年、若手の心理学者として『**自分のための人生**』（渡部昇一訳、三笠書房）を著したことがきっかけだった。これは、ポピュラー心理学としてはしっかり地に足をつけた現実的な内容の本だったが、なかなか売れなかった。

そこでダイアーはアメリカ本土へ渡って、あちこちの本屋を回り、ラジオでのインタビューを受けるなど努力を重ねて、ついにヒットさせることに成功した。それ以来、三〇冊以上の本を出版し、テレビに出演したりＣＤや「断言カード」というグッズなども出したりしたが、私の見るところ、本を出すごとに当初の現実的な持ち味は薄れていったようだ。私はジャーナリストとして、おおいに自己犠牲の精神を発揮して、自主的にダイアーの作品を詳しく研究してみたが、調べれば調べるほどダイアーのメッセージが明瞭に伝わってこなくなり、彼がなぜこんなに高い人気を維持しているのか理由がわからなくなっていった。

ダイアーの最近の著書、**『思い通りに生きる人の引き寄せの法則』**（柳町茂一訳、ダイヤモンド社）や**『9日間〝プラスのこと〟だけ考えると、人生が変わる』**（山川紘矢・山川亜希子訳、三笠書房）などを読むと、それぞれの作品の間に思考法の大きなギャップと混乱が見られる。東洋思想から借用した思考法に頼りながら、ちょっぴりキリスト教的風味をつけてみたりする一方で、個人が欲しがるものを惹きつけるための「エネルギーフィールド」など、『ザ・シークレット』で紹介された「引き寄せの法則」の名残りのような手法を使ってみたりと、幅広い範囲で考え方のブレが見られるのだ。

例えば彼の別の作品に、「あなたが本当に、本当に、本当に欲しいもの」という一文があるが、そうした強烈な欲求にこだわれば必ず幸せを引き寄せることができる、と主張しながら、ダイアー自身が引用している仏教や道教の経典にはまったく逆のことが書かれていて、「自分の欲しいものに執着すると不幸をもたらす」というものだったりする。

こういった矛盾を隠すために、ダイアーは「宇宙の力、つまりザ・ソースにプラグを差し込む」という概念を持ち出している。「ザ・ソース」というのはちょっぴり神様のような存在だが、単なる電気にも似ている。いずれにせよ、それはわれわれに望むものを与えてくれる存在だという。

ただ、ダイアーの副次的なメッセージには称賛に値するものが多い。例えば、「外部環境に左右されない冷静さを保とう」というものなどがそうだ。なので、ダイアーのどこが本当に問題なのかを明確にするのは難しいが、とにかくダイアーには説得力がない。**彼の文章は妙に熱狂的なのに、彼自身の幸せはといえば実にあやうい**ものに思えるのだ。彼は人々の前で自身の経験談を語るとき、「心の平安」を失いそうになった自分を持ち出す。もちろん、それを伝えるメッセンジャーが誰であれ、メッセージはメッセージに変わりない。だが、もし、あなたが人間の幸せについてしっかりした哲学を持っていて、その哲学を講演するために旅行しているとしても、たかがルームサービスが届かないからといって爆発寸前まで激昂し、それをかろうじて幸福哲学が制止しなければならないようなら……そのときこそ、自らの性格の短所をじっくり反省する良い機会なのでは？

あるワークショップにて――どうすれば他人に好かれるか？

つい先日、勧められてあるワークショップに参加した。「人に好かれる自分を作るための秘策」を教えてくれるという触れ込みだった。私はそれほど興奮しなかったが、ほかの参加者たちは強い必要性を感じて参加を決意したようだ。誇大妄想狂の人たち? 友だちがいなくて悲劇的な孤独に陥っている人たち?(ちなみに私が参加したのは研究のためで、何の他意もなかった)。しかし、実際に集まった人たちは驚くほど世慣れしている感じだった。企業家であったり、会社の重役であったり、そして中に一人、ケーブルテレビのショッピング・チャンネルの司会者がいた。彼女はいつも楽しそうで、それでいて商売道具のネックレスやペンダント類を私に売り付けようなどという素振りは一切見せなかった。

自己啓発の世界には、良好な人間関係を築くためのさまざまな方法が開示されていて、そうしたものが販売やデートや政治で計り知れない働きをするのは言うまでもない。しかし同時に、それらを軽々しく話すだけで、口先だけのどこか怪しげな印象を与えるのも避けられない。とはいえ、そんなことにビクとも動じない大物たちもいる。例えば催眠術師のキース・リビングストンはこう断言している。「人間関係が良好であれば、世界はあなたの気まぐれにすら腰をかがめる。あなたが欲しいものを手に入れるには、出会うすべての人と無意識のレベルで交流を図りなさい」

ショッピング・チャンネルの司会者は「私たちは『ミラーリング』に多くの時間を費やしてきました」と私に説明してくれた。そこで私も、彼女の動作や言葉使いをミラーリング、つまり真似ようと努力してみた。理屈は明快で、そうすることで**あまり意識せずに相手の感情を共有でき**

るのだ。だが大抵の場合、馬鹿らしくなるのがオチだった。ところが、後になって実際の生活で同じことを試してみると、その効果には日覚ましいものが見られた（あなたも一度やってみるといい。面白いから）。そこで、私は徹底的に彼女の言動をコピーしてみたが、今度は誰も気付くものがいなかった。

ところで、**多くの人たちに好かれるということは、礼儀正しく寛大なタイプの人間であることとだいたい同義だ。**「性格の転移」現象を調査した結果、もし、あなたが誰か他人の不倫行為などの噂をすると、それを聞いた人は潜在意識であなたを信用できない人物だと思うだろうし、もし、あなたが誰かを有能で寛大な人だと褒めると、これらの性格がそっくりあなた自身の身に付く、ということがわかった。そうしたことを意識して振舞おうとするのは、たとえ、あなたの最終目標が人に好かれることであったとしても、他人の思惑を意識的に操ろうとすることにはならない。そうやって意識して努力することで、人々はあなたに話しかけることが楽しくなり、いやに思う人などいなくなるだろう。そして、それは間違いなく立派な利他行為といえる。

自己啓発界に蔓延する「七」という数字

世界に流通している自己啓発書のすべてを取り上げなければならないとなると、それらをひとまとめにしてシチュー鍋で煮込み、泡立つスープを濃く凝縮して、きれいに澄んだ「自己啓発書のエッセンス」にすればいい。結果でき上がるのがジャクリーン・レオの著書『Seven――The Number for Happiness, Love, and Success（七――それは幸福・愛・成功のための数字）』だ。

ところで「七」といえば、スティーブン・R・コヴィーの『**7つの習慣　人格主義の回復**』（フランクリン・コヴィー・ジャパン訳、キングベアー出版）や、ディーパック・チョプラの『**富と成功をもたらす7つの法則　願望が自然に叶う実践ガイド**』（渡邊愛子訳、大和出版）、それにジョン・M・ゴットマンとナン・シルバーの『**結婚生活を成功させる七つの原則**』（松浦秀明訳、第三文明社）などがある。さらには、多くの大物作家たちがさまざまな洞察を含む提言をそれぞれ七つの項目リストにまとめてきた。レオは「数字の七はわれわれの生活を深遠な方法で統治している」と書いている。ただし、「われわれの身体の組織は七年ごとに入れ替わっている」という部分については、疑問を感じていたので無視してきた。

言うまでもなく、「七」を使った数占いや解釈の方法は「確証バイアス」の疑問を避けて通るわけにはいかない。つまり、**「七」についての先入観を補強するような好都合な例だけに注目しているのではないか**、ということだ。

周囲を見てみれば、いたるところに「七」に関連したものがあることに気付く。七つの海、一週間の七日、七つの大罪、七人の小人、シェイクスピアの『お気に召すまま』の一節「人生は七つ幕」、七つの音階などだ。さらにレオは挙げる。飲料の「セブンアップ」、映画の「セブン」、七人のメンバーからなる水球チームなど。彼女の本を読みながら、何の気なしに腕時計を見ると、何とそこには幽霊のように「七」の数字が刻まれているではないか。「六」と「八」に挟まれて……！　という私の見方は公平とはいえないだろう。たとえ意味ありげな空想にすぎないようでも、多くの人が信じるなら、実際に十分な影響力を持っているはずなのだ。

メソポタミアからヒンズー教、さらにキリスト教へと受け継がれてきた文化や宗教のあらゆる事象が「七」という数字に深い意味を見出していることは、レオが示しているとおりだ。しかも彼女は、いくつかの心理学実験の流れを整理して、みずからの主張を裏付けるよう導いている。

例えば、一九五六年に論文「マジカルナンバー七±二——情報処理能力の限界」を発表したジョージ・ミラーは、その中でこう書いている。「私はずっと一つの整数のことで頭を悩ませてきた。ここ七年間、この整数が私の身辺から離れることはなく、私の最も個人的なデータの中にまで侵入してきた。最も大衆的な新聞の紙面からも、この数字は私に襲いかかってきた」。彼が下した結論の一つは、「七」——あるいはタイトルが示唆しているように「七に近い数字」——は生活のいたるところに存在するが、その理由は、普通の人が数字やワードを記憶することが可能な最大の個数が「七」だからだ、というものだった。そういう意味では、「七」はわれわれが世界と対面する道を形成している、といえるのではないか。

レオは「七」を「自然の頭脳フィルター」と呼び、情報の殺到する時代においては特に重要なものだとしている。彼女が「七」の対象としてリストアップしている事項——簡素に生きる方法、健康に良い食事法、などなど、多くの名案があるが——それらの数を「七」から「九」あるいは「十五」に引き延ばすことは簡単にできる。しかし、そうすると、すべてが記憶から消えてしまうおそれが出てくる。

自己啓発の処方箋が示しているように、この**「七」という数字を利用してあなたの人生を思いどおりにコントロールすることは、滑稽なほど簡単だ。ただ「七」を使って恣意的なルールを作ればいい。**そのルールが世間に認められる限り、それはあなたの人生で最善の処方箋の一つとなるだろう。例えば、毎週会う友人の数を七人にしたり、あるいは「やることリスト」の中から七つの項目を毎日消し込んだりするのはあなたの自由であって、そうした個人的なルールを定めるのに超自然的な理由を求める必要などはない。ただ**定めたルールがあなたに行動を促すことになれば、それで十分**なのだ。

とはいえ——虹の色は七色であり、麒麟の首の骨は七本であり、そしてレオが言うようにニコラス・ケイジは七年に一度新しいタトゥーを入れており……それって本当に偶然？　偶然って一体何なんだ？　まったく不思議な話だ。

謎の人物、イヴァノヴィチ・グルジエフ

目に狂気を漂わせたアルメニア生まれの神秘的なゲオルギイ・イヴァノヴィチ・グルジエフは『タイム』誌でこう評されている。「P・T・バーナム（興行師）、ラスプーチン、フロイト、グルーチョ・マルクス（コメディアン）、そしてみんなのお祖父さんたちを混ぜ合わせたような男だ」と。考えれば考えるほど意味のわからない説明だが、おそらくグルジエフが部分的に興行師であ

り、道徳心のかけらもない詐欺師であり、洞察力のある心理学の学生であり、おどけ者だったと言いたいのだろう。しかし、『タイム』誌のこのあいまいな描写こそが正解だったようだ。**グルジエフが真に伝えたいメッセージは、人間はつねに眠っている状態にある、というものだった。**話が戦争であれ、日用品の買い物であれ、人生の大半は無意識の夢うつつの状態で自動的に営まれている、という。「現代人は眠った状態で生きている。眠った状態で生まれ、眠った状態で死んでいく」とグルジエフは言っている。彼に与えられた使命は、そんな人々を目覚めさせることにあった。

　彼は、たびたび大声で「犬のように死にたいのか？」と人々をどなりつけたそうだ。伝えられるところによると、グルジエフの信奉者である伝記作家のP・D・ウスペンスキーが実際にグルジエフの真意を把握したのは、トラック一杯に積まれた義足を見たときだった。第一次世界大戦に出征する兵士たちに、事前に供与されるものだった。これが、グルジエフの言う「ロボットのような世の中」の姿だ。戦争になだれ込むのを防ごうとせず、やがて来る戦争による負傷に前もって静かに準備しておこうとしているのだ。グルジエフは、そんな人々に向かって「演習ストップ！」と叫ぶ手法をとっていた。彼が叫ぶと、信奉者たちは凍てついたように立ち止まり、自分たちの心身状態にあらためて注意を払い、それまで自動操縦装置に操られるように条件反射的に行動してきたことに気付くのだ。

　この点は、確かにグルジエフの良いところだ。たとえ、彼の身の回りにやっかいなスキャンダルがあったとしても。事実、彼の周囲には個人崇拝問題をはじめとして、ある有名人を惑わせて入信させたとか、女性信者とベッドを共にしたなどという暗い噂がたくさんあった。グルジエフは、人々に善良なことを説教しながら、実はみずからが欠陥人間であることを示していたのだ。しかし、彼の価値がそれで下がるわけではなかった。むしろ、彼の言動の一つひとつが呼び起こす疑問——つまり、この男は本物だろうか、偽物ではないのか、という疑問——これこそが彼の価値を形成していた、と言っても過言ではない（そのことを本人が意識していたかどうかは、この際問題ではない）。

日常生活が夢のようなものであるとグルジエフが言ったとき（こう言ったのはグルジエフだけではなく、「啓発」とか「啓蒙」の可能性を口にする大物先生方も異口同音に唱えていることだ）、では一体何が本物で何が本物でないのか、という疑問に焦点を当てることが重要になってくる。何も皮肉っぽいヤマ師を弁護するつもりはないが、グルジエフのようなスピリチュアルな人物は、夢と現実の二本のポールの間に張られた綱の上を歩くことによって、**人々に、今まで一体どこで何をあれこれと思い悩んでいたのか、反省させることができれば、それで仕事を終えたことになるのだ。**彼は「ストップ！」と叫び、人々は立ち止まって自分についてあらためて考えてみたのである。

一九六〇年代の反体制派の哲学者アラン・ワッツは次のように書いている。「私が常日頃感じていることだが、本当の人間になるためには純粋な偽者になる方法を知らねばならない」。自分を「うわべだけの気取り屋」と呼んで楽しんでいた彼は、きっと自分がヤマ師だと非難されても気にしなかっただろう。

人生の大部分が見え透いたジェスチャーだということを理解しなさい、とワッツは言う。このジェスチャーというのは、人々が共有しているさまざまな考え方、つまりロボットのように繰り返している習慣が網の目のように錯綜している状態のことである。このようなジェスチャーを演じることを楽しみ、そうすることで真の人生を生きるのがわれわれの目的なのだ、という。ただ、ワッツやグルジエフのような神秘主義者の目から見れば、世間の人々が共有するこれら疑わしい考え方には自己本位の側面が見られる。つまり、「われわれはみんな同じ宇宙に属しているにもかかわらず、各人が個別に存在すると信じることは見え透いたジェスチャーの一部である」とワッツは主張する。何よりも大事なことは、**ジェスチャーが演技にすぎないことを忘れない**ことだ。

ワッツは、スピリチュアルなテーマについて書いたりしゃべったりしてきた人生を振り返りながら言う。「私が『芸能界』に身を置いてきたことはちっとも恥ずかしいことではない」と。グルジエフもそうだった。「だが」――ワッツは締めくくる。「誰だってそうなのだ」

「絶対に失敗しない実践的成功法則」のカラクリ

「成功するための実践的法則って、本当にあるの？」

保険セールスマンから転じてポジティブ思考を説く大物作家になったW・クレメント・ストーンは、一九六〇年代の古典的作品『**私が活用して大富豪となった実践的成功法則**』（田中孝顕訳、ナポレオン・ヒル財団編、きこ書房）の中で問いかけている（読者の皆さんなら、本のタイトルからすでに答えを推測しているだろう）。ストーンは過去の時代に属する作家だ。細い口髭と蝶ネクタイが特徴のエネルギッシュな人物で、彼の所有する保険会社の従業員に毎朝「何とすばらしい気分だろう！」と詠唱させていた。そして、その財産の多くを、アメリカ大統領の中でも最も笑顔と縁遠いリチャード・ニクソンの経歴を支えるのに費やしてきた。

それ以来ずっと自己啓発家たちがこだわり続けたのは、彼の実践的法則だった。人生を変える方法について講演することで大金を手に入れたい人なら、まずは彼の実践的法則を修得する必要がある。

誰だって人々に助言することはできる。しかし、実践的法則に照らし助言をすることが大切で、そのためには、ディーパック・チョプラからスティーブン・コヴィーまでポピュラー心理学の人気作家たちがしているように、まず助言そのものをできるだけ大きく誇示してみせる必要がある。つまり、あなたの助言が包括的な解決策であることを示し、次に、その詳細を修得すれば誰でも間違いなく成功できることを保証してみせなければならない。**一般に良い助言と言われているようなものは簡素で、年季の入った陳腐なものである。**

これに対して、**金儲けになる実践的法則は複雑で意図的に新しいもの**でなければならず、それにはブランド設定が重要になってくる。例えば、「感謝はあなたを幸せにする」などという表現は、それ自体大きな可能性が潜在する見識であるものの、それに大金を払う人はあまりいない。そこで、複雑な手順やたくさんの専門用語を駆使して「実践的感謝の法則」をでっち上げてみるとどうだろう。人々はそれにお金を払うだけでなく、後に『実践的感謝の法則、感謝のワークブック』などと題する本が出版されれば、さらに大量の金を消費してくれるはずだ。たとえそれが派手な表紙でメモ帳のような安っぽい代物であっても。

　実践的法則の効用としてささやかれているのは、自動的に始まる自己改善の動きである。知らず知らずのうちに、知識と行動とのギャップが埋まり、今までは方法を知っていてもなかなか実践できなかったことを可能にしてくれる、というものだ。例えば、一連の実戦的戦略を採用することによって、厳しい自己鍛錬をせずに体重を減らしたり、簡単な時間管理をすることによって過剰労働を避けることが可能になるのだ。ただし、重要なのは戦略の詳細ではない（ちょっぴり期待に沿えないが、真実である）。例えば、ダイエットがうまくいくのは、大抵の場合、カロリーの摂取制限がうまく行われているからであって、今まで誰も知らなかった秘密のレモンジュースやキャベツのスープ、あるいは特別な栄養素比率などのせいではないということだ。

　これは自己啓発の世界に限ったことではなく、心理療法士たちの世界にも適用できる。フロイト派、ユング派、認知派など、過去何十年にもわたってさまざまな流派のメリットが議論されてきたが、二〇〇一年、心理学者ブルース・ウォムポウルドの指導で行われた研究結果は、世間に強い衝撃を与えた。**心理療法が間違いなく効果的であること――しばしば麻薬よりも強烈なこと――がわかったのであるが、心理療法の種類はほとんど関係しなかった**、という。特定の技術は患者の改善率のばらつきの一パーセントにも達しなかった。重要な働きをしたのは特定の実践的法則ではなかった。重要なのは、その療法が患者たちの要求にかなうものであること、そして患者たちに信頼されていることだった。

クレメント・ストーンについても**はっきり言えるのは、「絶対に失敗しない実践的成功法則」のおかげで百万長者になったのではない**、ということだ。彼が成功したのは、執拗に努力し、幸運にも恵まれ、金持ちになろうという決心を頑固に持ち続けたからなのだ。もし成功の原因が、「絶対に失敗しない実践的成功法則」に要約されるのなら、ニクソンだってその法則を採用しないわけにはいかなかったはずなのだから。

第9章

不完全こそ最高の状態

――まさかと思われる幸福への道

凡庸であることのメリット

私がここに書こうとしていることは、率直に言ってかなり凡庸な内容になりそうである。「それで、何か新しいことは？」と問い返されたら、次のように説明しようと思う。私はよくよく考えた上でこれを書いている。なぜなら、現代の大衆心理学が熱心に説いてはいるが実現不能な「完璧主義」へのちょっとした反逆になりそうだからである。

だが、もっと直接的な原因がある。それはロンドンの『イブニング・スタンダード』紙に載った経営コンサルタントチームの記事であった。彼らは一般公務員に対して、デスクの上に黒いテープを貼り付けること、パソコンやペンや昼食弁当などの置き場所を正確に示すこと、などを指示したそうである。さて、私がきれい好きな性格であることは人後に落ちないが、今回のニュースを読んだとき、さすがの私も堪忍袋の緒が切れた。反動で「不完全主義」の側へ走る結果となったのである。つまり、物事を粗末に扱う魅力に惹かれた、ということだ。

認知療法士のデビッド・D・バーンズはベストセラーとなった『**いやな気分よ、さようなら 自分で学ぶ**「**抑うつ**」**克服法**』（野村総一郎・夏苅郁子・山岡功一・小池梨花・佐藤美奈子・林建郎訳、星和書店）にこう書いている。「あえて『平均人間』になるように努力しなさい。そうすると、これから先の人生がくだらなくて退屈に思えますか？　よろしい。それでは、もう一日だけ努力しなさい。そうすると、二つのことに気付くはずです。第一に、あなたは『平均人間』にはうまくなりきれないということ。第二に、それでも今やっていることに対して十分な充実感を、いつも以上にしみじみと味わえている、ということに」

　バーンズはこう言いたいのだろう。あなたは自分の能力やすばらしさを内心ひそかに誇りに思い、何としても現状を維持しようとストレスいっぱいの努力をしてきた。しかし、そのような**完璧主義は、ストレスに満ちた努力を強いるだけでなく、最終的には得るものの少ない道にあなたを導き、しかもその間の体験を楽しむ余裕すら与えないだろう**、と。「八〇パーセント、六〇パーセント、いや四〇パーセントを目指しなさい。そうすることで、あなたは自分の行動を楽しみながら、自分の生産性がどれほどすばらしいものかを実感するだろう」とバーンズは言う。

　同じようなメッセージが見られるエリック・エイブラハムソンとデイヴィッド・H・フリードマンの共著『**だらしない人ほどうまくいく**』（田村義進・青木千鶴訳、文藝春秋）は、みだりに人の心を魅了するところがある本だ。「高度に整ったシステムを維持するコストは、時としてその享受する利益をこえてしまう」と彼らは言い切る。「机の上は散らかっている方がいい、あのアインシュタインの机がそうだったように。乱雑な方が新しい優先順位やアクセス・システムを創り出すのに好都合である。きちんと整えられた机の上は、外部から押し付けられたスキーマ（図式）に従ったもので、独創力の妨げになる」

　ところで、携帯電話にわざわざ騒音を送り込むのを商売にしている会社があることをご存じか。これは、完全な静寂という不自然な環境の中では会話がはずまなくなることに着目してのものだそうだ。

　家事がきちんとできない人について、エイブラハムソンとフリードマンは、ペニシリンが発見されたときの事情を引き合いにして弁護している（あのとき、培養皿をきれいに洗い上げていたら、青カビを発見することはなかった、という切り札を持ち出して）。また、「朝起きてベッドを整えるのは、靴を脱いでから靴ひもを結ぶようなものだ」とも言っている。これは、考えれば考えるほど、哲学的には深い意味を持つかもしれないが、実生活の上では問題がないとはいえないだろう。

しかし今や、そうした考えがわれわれ現代人の心を捕らえようとする兆しが見られる。例えば、「不完全な子育て」を支持するウェブサイトや、アメリカのデザイン界の大御所ダン・ホーの作品などだ。特にダン・ホーは著書で、家の中をきちんときれいに維持しなければならないという従来の強迫観念や心理的傾向を激しく非難している。

さて、いつもならこのあたりで、何かユーモアのある文句か、気の利いた文で締めくくらないといけないのだが……でも、今回はどうでもいいや、という気分になっているのだ。

壊れていないものは修理するな！

アメリカの精神医学協会は、『精神障害の診断と統計マニュアル』の内容を更新するため、長年にわたって準備作業を続けてきたが、二〇一〇年、ようやくその暫定結果を発表した。この本は数千ページもの大冊で、現存するすべての精神病的欠陥を分類し、何が精神障害で、何がそうでないかを効果的に判定してくれるものだ。例えば、月に何回セックスをすれば「やり過ぎ」で中毒症とみなされるのか？　買い物中毒は病気なのか？　などといったことについて、一〇年にもわたってはげしい議論が繰り返されたそうだ。

一般の人たちは病気を客観的なものと考えているが、このマニュアルを見ると病気がいかに主観的なものであるかがわかる。今回の改定ではアスペルガー症候群が削除され、自閉症（スペクトラム障害）の一形態とされた。精神科医の委員会がそのように決めたからだ、という。また、同性愛は一九七三年までは障害の一つと定義されていたが、今ははずされている。気まぐれな今どきの十代の若者なら、自分たちが「気分調節不全障害」の患者にされていることに気付くのではないか、と批評家たちは危惧している。

こうした現象はすべて精神医学の領域をこえている。われわれは仕事でも、私生活でも、また政治においても、いつもさまざまな問題に直面し、それらを解決しようともがいているが、そもそも何が問題なのか、**何を基準に問題を認定するのか、という基本に立ち戻って考える人はごく稀にしかいない。**

妙なことに、この点について賢明な洞察を行ったのは、かつてジミー・カーター元アメリカ大統領の上級アドバイザーを務めたバート・ランスだった。ランスは汚職の嫌疑で辞職を余儀なくされたが、思いも寄らないほどの霊感的な英知を持っていた。彼は、当時まだよく知られていなかった南部の格言を引用して注目を浴びた。「壊れていないものは修理するな」というものだ。ランスはあるインタビューで語っている。「これは、政府にとってやっかいな問題だ。政府はまだ壊れていないものを修理し、壊れたものを修理しようとしないから」

すでに壊れていて修理すべきものは何か、それをどうやって判断するのか？　それは政府だけの問題ではなく、自己啓発文化における暗黙の前提条件でもあり、新たな経営方針を決めるためにコンサルタントを雇った会社の将来を左右する問題でもあり、変化を求めるさまざまなプロジェクトの行方を定める要因でもある。何を修理すべきか、われわれは理解していると思っている。より積極的（あるいは生産的、あるいは裕福）になるための自己啓発本やワークショップなら、この問題を解決するために何らかの具体的な方法（良かれ悪しかれ）を提案してくれるだろう、という思いもある。

だが、残念ながら彼らの提案は、実際のところ何の役にも立たないばかりか、かえって事態を悪化させかねないものなのだ。文化人類学者のグレゴリー・ベイトソンが指摘しているように、**複雑なシステムの一面を取り上げ、それだけを執拗に改善しようとすると、結果は悲惨なものとなるだろう。**従業員の福祉や環境問題を棚上げにして、会社の利益だけを追求してもうまくいかないだろう。ビタミン不足の人はもっと多くの果物を食べるだけでいいのか？　**一つの問題だけを解決しようとすると、その副作用としてほかの問題が次々と発生してくる**のだ。

饒舌がもたらすリスクも問題だ。特に深刻な精神的苦痛を味わっている人たちに接する場合、「問題ありませんよ」などと言うのは思いやりに欠けるのはもちろん、まったく無意味なことである。なぜなら、彼ら自身がその苦痛をどのようにとらえているか、という問題の核心に触れていないからだ。

心理療養士で禅の教師でもあるバリー・マジドは言う。「われわれの周囲にはあらゆる種類の心理療法やダイエット、自己啓発などのプログラムが揃っており、いずれも私たちの心の悩みを必ず治すと約束している。われわれは自分たちの心がすでに壊れており、緊急に修理しなければならないと思い込んでいるが、**その思い込みを知らず知らずのうちに増長させているのがこれら心理療法やダイエット、自己啓発であることには気付いていない。**しかし、もし、われわれがそのことに気付き、自分たちの思い込みの信憑性に心から疑問を抱いたとすればどうだろう……？」

おそらく、**問題がないのに問題があると考えていること自体が問題である**ことに気付くことだろう。

ゴールは気にしなくていい

私の大好きな作家アンソニー・トロロープの逸話を紹介しよう。彼の執筆習慣に関するもので、私の知っているトロロープについての唯一の逸話という意味でも注目に値する。

彼は郵便局で働いていたが、毎朝職場へ出かける前の三時間を執筆時間にあてていた。この習慣はきっちり守られていたが、三時間の途中で小説の最終章を書き終えたとき、彼は休む暇なく、次の作品の執筆にとりかかるのだった。誰が何と言おうと、彼はこのやり方にこだわった。ほかの作家なら、今回の作品で苦労したことを振り返ってぶつぶつ独り言を言いながら、自分の家の周囲を散歩でもしただろうが、トロロープはそうはしなかった。彼は言った。「私の小説は、良くも悪くも、私が書ける最高のものだ。作品と作品の間に、例えば三カ月の準備期間を置いたとしても、私の作品が良くなるとは思えない」と。

　そんな姿勢のトロロープを、仕事中毒者として、あるいは頭が鈍く独創性のないガリ勉タイプと見るのは簡単なことだ。確かに評論家たちは、トロロープが多くの語句を使いながらたいした芸術作品を生み出してこなかった、と軽蔑している節がある。しかしながら、**トロロープから学びとるべき点が多々あるのも事実だ。間断のない努力もさることながら、結果よりプロセスを重んじる姿勢がそうである。**彼が目指したのは、（もちろん、私の推測にすぎないが）「偉大な作品を作る」ことではなく、また「金《かね》になる作品を書く」ことでもなかった。彼が目指したのは「毎日、三時間かけて書く」ことだった。この三時間という時間の塊の中でいったん彼が書いたもの、あるいは書けなかったものは、もはや彼の手の届くところになく、後になってとやかく反省しても仕方のないものだと言う。

　そうは言うものの、トロロープも認めているように、やはり以下の点は多少気になるところだ。流れ作業の組み立てラインで働くのは退屈だし、特に産業化以降、人々は繰り返しの単純作業を避ける傾向にある。それなのに、なぜトロロープのように創作活動をわざわざ流れ作業化しようとするのか。その上、作業の結果には何の責任も感じず、何の注意も払わないというのは、今日の常識に反するのではないか。会社は従業員に作業の目標を設定するよう指導し、財界の大物は人々に「成果主義」の思想を説き、自己啓発の一流コンサルタントであるスティーブン・コヴィーなどはわれわれに「事を始める際には、必ず最終目標を意識する」よう促している。夢のある人生について書かれた自己啓発本には、人々はまず自らが望む終着点を詳しく心に描いてから、それに向かって進むべきである、と書かれている。

一方、スポーツ心理学者のジョン・エリオットは「最終結果をくよくよ心配することほど、物事を成し遂げるのに必要な『集中力』を阻害するものはない」と指摘する。「フロー」の状態に達したマラソン選手は一歩一歩走ることにだけ意識を集中しており、**ゴールはまったく意識にない。**若き日の脚本家ジェリー・サインフェルドは、台本を書く際のテクニックとして、毎日机に座ってタイプライターを打ち終わるとカレンダー上にＸ印を付けるのを習慣としていたという。彼の目標は、カレンダー上に連続したＸ印の鎖を作ることだった。もし彼が、Ｘ印の代わりに何か気の利いたジョークを書こうなどと思っていたとしたら、きっと気が散って、脅えすら感じる日々を送ったことだろう。

しかし、これを単に生産性向上の手段と考えるのはエリオットの趣旨ではない。われわれは、**人生のいかなる面においても、最終結果をコントロールすることができない。**われわれにできること（それ故に、責任を負わなければならないこと）は、今現在の人間関係や親としての役割などを大切にし、その他何であれ幸福を追求することに時間と労力を注ぐことだ。**その結果、現実に何が起ころうと、それは深い意味において、もはやわれわれとは関係のない出来事なのだ。**さらに一歩踏み込んで考えてみると、これは実に瞑想的ですらある。ベトナムの仏教僧ティク・ナット・ハンの言葉を借りれば、皿洗いは皿を洗う行為をすることであって、最終的に皿をきれいにすることではない、という。これは人生観の一つとして、一考に値する。たとえ、あなたが食器洗い機を持っていたとしても。

急激な変化より「徹底した節度」

一般に、「節度」は自己啓発書のセールスポイントにはなりにくい。人々に霊感を与えて熱い石炭の上をはだしで歩かせようとしたことで有名なニヤニヤ笑いのカリスマコーチ、アンソニー・ロビンズの著書**『一瞬で「自分の夢」を実現する法』**（本田健訳、三笠書房）の原題は『Awaken the Giant Within（自分の中にいる「巨人」の目を覚ませ）』で、インパクトのある「Giant（巨人）」という言葉を使っている。「Somewhat Taller Person（多少背の高い男）」という節度のきいた表題も検討したそうだが、採用しなかった。それにはそれなりの理由があったからだ。

彼が提唱するのは、「根本的な変革」をするための「大規模な行動」である。ロビンズは人生のどん底に落ち込んだとき（今のロビンズからは想像もできないが）、人生を一八〇度転換しようと決心した。「私は人生のあらゆる面を実質的に変えようと決めた。決して途中で妥協することなく、できることをすべてやり尽くそう、と誓った」と彼は言っている（人々にやる気を起こさせる演説家は誰もがこのような生い立ちの持ち主だ。一度はどん底に落ち、そこで人生を徹底的に変えようと決心してから、たちまち演説家に転身する。考えてみると、ちょっぴり奇妙に感じるのだが）。

ところが、私がこれまで自己啓発の世界を旅して学んだことの一つは、**この種の極端なやり方**

は通用しない、ということだ。長椅子でポテトチップスをかじってばかりいる怠け者がいきなり毎朝五マイル（約八キロメートル）を走ることにしたり、まとまりのない組織をにわかにきびきびした効率の良い組織に作り変えたり、生まれつき陰気な性格の人が超楽天家になったり……そうした試みは、ほぼ間違いなく失敗に終わるのだ。その結果、気の重くなる悪循環が始まる。一旦は諦めてみたものの、もう一度いちかばちかでやってみるが、やっぱりうまくいかず、さらに厳しい状態に陥るのだ。

だが、それにもかかわらず、そんな破滅をもたらす試みが、なぜいつも人々の心を惹きつけるのか、考えてみるのも無駄ではない。陳腐な言い方をすれば、今の世の中では手っ取り早い解決策が求められている、ということだろう。しかしながら、自分の人生に何らかの変化を起こそうとまじめに心の底から決心した人たちは違う。彼らの中には、怠惰な気持ちの人などほとんどいない。逆に、すべての物事に対し理想的かつ情熱的に取り組みたいと感じているのだ。たとえその気持ちが長続きしなかったとしても、それは高潔な感情に違いなく、決して恥ずべきものではない。この情熱が挫折の運命をたどらないような方策を講じ、有効に活用する道があると考えるのは、すばらしいことではないか。

そこで紹介したいのが「徹底した節度」という考え方だ。これはラインハルト・エンゲルスというウェブサイト運営者が生み出した言葉で、彼はこう説明する。「過激主義者の良いところは、その人生への取り組み姿勢がはっきりしているという点だ。もし、あなたが飲酒問題で悩んでいて、もう一滴も飲まないと決心したとしたら、それはそれでまごうかたない強固な個人ルールであって、そこにはうっかり足を滑らすような余地などまったくない。その気になれば境界線をこえることもできるが、うっかり目に見えない程度だからといって境界線をこえることは許されない」

とはいえ過激主義は、おうおうにして過剰な要求をしてくるものだ。われわれは、飲酒量を減らさなくてはと思う気持ちと裏腹に、おいしいビールを味わいたいという欲求も持っている。あるいは、ランニングの回数を増やそうと思う反面、週末の朝にはゆっくりベッドで過ごしたいとも思っている。「過激主義者は、その最も強力なテクニックを使って、明瞭で消えにくい線を引くが、その線がいざ破られそうになるといきなりすべてを投げ出して爆発するのだ」とエンゲルスは言う。

これに対して穏健主義者も同じように境界線を引くが、**過激主義者とは別の場所に線を引き、ほどほどの目標を選ぶ。そして、過激主義者と同じような情熱でその目標に執着するのだ。**これが「徹底的な節度」である。例えば、毎晩の酒量の上限を定め、一週間に三日間は砂糖の入った食べ物を控え、毎週二回一マイル（約一・六キロメートル）ずつ走る。そうすると、七日間で人生を変えることなどはとうていできないが（たとえポール・マッケンナの『**7日間で人生を変えよう**』（柴田裕之訳、宝島社）という本を読んでも）、少なくとも、「徹底的な節度」によって、物事を悪化させることなく、少しずつでも良くしていくことができるだろう。

思い切って諦めるべき四つのこと

子どもの頃に叩き込まれた不合理な考え方の中に、「始めたことを最後までやりとおすのは本来的にいいことだ」というのがある。お皿の上の食べ物を残らず食べさせるために「飢餓に苦しむアフリカの子どもたち」の話をするなどというのは、よく知られた例だろう。まったく馬鹿げた理由付けだ。子どもがまだ三歳だからよく理解できないなどと言い訳すると思うかい？　そのうち、「大事なことは自分の仕事をやりとげることだ」などと、あなたの将来に災難をもたらすかもしれない大胆なことを言い出す政治家が現れるかもしれない。

ある生産性の専門家によると、「トリアージ」という戦時中の医術にヒントを得て、新しい研究手法が考えだされたそうだ。「トリアージ」というのは、戦場で外科医が負傷兵たちを緊急に三つのグループに分ける方法のことで、いくら治療しても助からない負傷兵が第一グループ、治療しなくても助かる負傷兵が第二グループ、そして治療次第で生死のわかれる負傷兵が第三グループになる。限られた医療器具で、第三グループの治療に専念するというのは理にかなっていた。この戦時の恐怖体験を現代生活の「恐怖」へ移行させるという不埒な行為をお許しいただけるなら、広い意味で共通する観点からあなたの日常生活を点検してみるのも悪くないだろう。

【点検1　メール】

残酷なトリアージ——。三週間以上経った古いメールはいずれも「死んでいる」か、重要性を失っているか、のいずれかであることを考慮して、別のフォルダーに集めよう。そして、それらのことは忘れてしまうといい。永遠に（もし、送信者が返事を必要とするなら、何か言ってくるだろう。でも、おそらく彼らも忘れてしまっているか、ほかの解決先を見つけただろう）。

【点検2　読みかけの本】

途中まで読んでから二週間以上放置している本で、単に自責の念からベッドサイドに置いたきりになっている本は、本棚に片付けよう。あるいは誰かに寄贈しよう。

【点検3　個人的な計画や趣味など】

雑然とした「やることリスト」の項目の中で最も陰険な部類に入るのは、やらなければならないからやり始めたことではなく、**やりたいと思ってやり始めたものの今はもうやりたいと思っていないことだ。そんなものは捨ててしまおう。**「トリアージを実践することは、非常に難しい。なぜなら、あなたがまだ正当な存在理由があると思っている物にも、繰り返し『ノー』と言わなければならないからだ」とブロガーのスティーブ・パブリーナは書いている。「それは、助けを求めている負傷者たちに『ノー』と言うのと同じ効果を持つ時間管理なのだ」

【点検4　友だち】

パブリーナはさらに助言する——かなり無理をして数カ月に一回会わなくてはならない友だち

がいたとする。それが中身のあまりない友人関係であるために、お互いにそれを維持するのが面倒になってきた場合、そんな付き合いはやめるように努力しよう。

物事を諦めることは、決して気分の良いものではない——これは、子どもの頃に受けた訓練のせいだ——だから、われわれは、まるで子どものように、誰かの許しを得ようとする。そこで、あなたが義理立てする必要のない私が、あなたに対してこう言ったらどうだろう。「あなたは私の許しを得た。私はダライ・ラマからも許しを得ている」

無知であることの幸せ

人は将来について語るとき、往々にして間違った予測をしてしまう。現代の実業界の大物たちも、おどろくほど想像力に欠け、現実から目をそらした考えを将来に対して抱くという危険を冒してきている。

例えば、将来の世界市場は大型コンピューター五台でカバーされるだろう、とＩＢＭの会長が断言したのはご存じだろうか。また通信事業のウェスタンユニオンは、かつて内部文書で「このような『電話』という代物は通信手段としてまじめに検討するには欠陥が多すぎる」と結論付けていた。さらにはマイクロソフトのビル・ゲイツが「一人あたり六四〇キロバイトの容量があれば十分だろう」と言ったとか、ワーナー・ブラザースのハリー・ワーナーが「俳優たちの話すことなんかに一体誰が耳を貸すというんだ？」と言ったとか。皮肉にも、ここに引用した例は、話自体がバカバカしいほど怪しげなものばかりだ。いずれも、話の出どころが信頼できず、あるいは信頼できるとしても文脈を無視して無理矢理引用したような話であるからだ。しかし、それをここで愚痴っても始まらない。

　なぜなら、いかがわしいエピソードは自己啓発書につきものだからだ（事実が科学につきものであるように）。それよりも、ここで一つ、明らかになった重要な点がある。それは、ビジネスにおいても人生においても、**物事を進めるための正しい方法とされている硬直化した考え方は、実際にうまくことを運ぼうとするときの障害になり得る**ということだ。

　これは非常に深い意味を持っている。物事を正しく進めるために考え出された古い知識が、かえって円滑な進行を阻むのであれば、それに代わるものとして「無知」というものを見直す必要があるからだ。学者のデビッド・グレイは、『ハーバード・ビジネス・レビュー』に寄せた「求む、最高無知責任者」（最高知識責任者をもじった造語）と題する論文にこう書いている。「何度でも再利用可能な知識と違って、無知は一回限りの勝負だ。一度でも知識にとって代わられると、無知は復帰するのが難しい。無知が去った後は、硬直した考えが以前にも増して慣れた道を通って回答を見出そうとし、解決済みの問題はそのままの状態を保とうとする。時にはどうしようもないほど頑固に」

「想像力」と「無知であること」とは、実際には同じではないのか？　何人もの作家が、「想像することについてこうアドバイスしている。「子どもたちの周囲で時間を過ごしてみなさい。そうすれば大人の一般常識では『何ができて』、『何ができないのか』、『何をすればほかより優位に立てるのか』など、子どもたちの知らないことがたくさんあることに気付くだろう」。あるいはキュビズムの論理を拝借すれば、ピカソが言うように「子どもはみんな芸術家である。問題は、大人になっても芸術家であり続けるにはどうすればよいか、ということだ」。

無知（想像力）が知識に勝つということは、多くの経営者が愛好する「フィードバック」がめったに機能しない理由なのかもしれない。経営学者のチャールズ・ジェイコブスが紹介する研究によると、従業員がポジティブなフィードバックを与えられても大抵の場合は何の改善にも繋がらないし、ネガティブなフィードバックは事態を悪化させる、という。これはいずれの場合も、**過去にしか焦点が当てられていない**からだ。最善のシナリオに基づいて将来の改善のためのすぐれたアイデアが示されても、最後には過去の概念の枠の中に取り込まれてしまうのがオチなのだ。

こう書くと、馬鹿げた考えをひたすら擁護しているように思われるかもしれないが、そうではない。ここでちょっと視点を変えて、数学的な目で見てみよう。無知の世界を宇宙に例えるなら、知識の領域はわずかにリヒテンシュタイン公国くらいの広さではないだろうか。そして、その国境の内側に、良いことのすべてが保存されている可能性はあるのか？　暗闇の中の「知られざる未知」の世界（ドナルド・ラムズフェルド元アメリカ国防長官の言葉「知られざる未知」に感謝！　この言葉はあなたの唯一前向きな人類への貢献だ）には、大きな危険と共に、大きなチャンスも存在しているのではないか？　デビッド・グレイは書いている。「ほとんどの人は、自分たちが多くのことに無知であることを喜んで認めている。だが、健全な無知を自ら養おうと努力する人はほとんどいない」

おそらくグレイの言うとおり、**われわれは健全な無知を自ら養わねばならない**だろう。そうでなければ、私は何を言わんとしているのかわからなくなってしまう。

「安堵」の喜びについて

人生の小さな喜び——その味わい方を知ることが人生にどれほどすばらしいものをもたらすかは想像に難くない。しかし、それを他人から押し付けられると、どうにも形容し難い嫌気を覚えるものだ。たとえそれが本であろうと友人からの善意のアドバイスであろうと、だ。「裸足で芝生を駆け抜けよう！」、「朝の空気を胸いっぱいに吸い込もう！」、「ひとかけのチョコレートを味わおう！」などがどれもすばらしいのはたしかだが、問題なのは、**自分の喜びは自ら見つけなくてはならない**、ということだろう。あるいは、そういったアドバイスの多くが独善的なものだからかもしれない。私の家の近くの公園の芝生を裸足で走るなんて、ガラスのかけらの感触を楽しみ、場合によっては怪我する覚悟でもない限り、とんでもない話だ。

毎日の生活の中に見出すちょっとした幸せの源を描き出すカナダ人作家ニール・パスリチャの作品を読むと、私はいつもさわやかな気分になる。彼はまた**ポピュラー心理学の関係者が見落と**

している「安堵」の部類に入る喜びについても深い親しみを寄せている。それは例えば、面白くない体験を終えた瞬間や、恐れていた事態が予想の半分も悪くなっていないことに気付いたときの喜びなどだ。

また、世の中には奇妙に不釣り合いな喜び方もあるというパスリチャの観察にも異論はないだろう。例えば、歩道に落とした携帯電話を拾って無傷だったことを確認したとき、デートの時間に遅れそうになって汗をかきながら息を切らして待ち合わせ場所に着いたら相手の方がもっと遅刻していたとき、予想に反してあなたの並んでいる列がほかの列よりも速く動きそうになったとき、あるいは、またちょっと違う安堵感だが、何か面倒な雑用を終えたときとか、いやな来客が去っていくときなどだ。

言うまでもなく、こんな安堵感を味わったところで、長期の充足感を得るための有効な手段とはなり得ない。

「最悪の事態を覚悟しなさい。そうすれば失望することなどなくなる」などというのは、生きる気力をくじいてしまいそうな考え方だが、比較的小規模な事件に対しては有効に働く。最悪の事態を脱したとき、あるいは最悪の事態を回避できたときなどは喜びもひとしおだろう。それにこの喜びは人を選ばず、誰でも体験できるものでもある。実際、地獄のような思いをしているなかで、立ち止まって夕日を楽しむ、などという余裕は誰もが持っているとは思えない。

だが、**最も悲観的に立てた予想がはずれたときや、最も不評な活動が終わったときなどに感じる安堵は、誰もが味わえる**ものだ。たとえどんな悲観主義者であっても。これこそが、悲観主義者であることが逆に利点となる考え方なのではないだろうか。もしあなたが陽気な楽観論者で、何が起こっても幸せに感じる人物なら、もともと悲惨な状態にあった物事が少しでもいい状態に変わるときの喜びを味わうことはないだろう。

ブロガーのグレッチェン・ルービンは、ある朝、窓の外から聞こえてくるバグパイプに元気付けられたことをブログに記している。「最初は恐ろしかったわ。私がバグパイプの音をそこそこに評価するようになるなんて、想像もできなかった。しばらくたって、私もまたバグパイプ奏者に感謝していることに気付いたの。もっとも、他の人とは別の理由からだけど。だって、もしバグパイプを聴かなかったら、それが止んだときのあの絶妙に、いとおしいまでに、どこまでも静かな瞬間を経験できなかっただろうから」

「不完全さ」の魅力

ローマ皇帝マルクス・アウレリウスは、パルティア人と戦争をしているとき以外は、固焼きパンを好んで食べた。われわれが「職人技」と呼ぶようなパンだ。彼は『自省録』にこう書いている。「パンを焼くと、その表面に裂け目ができる。この裂け目は……パン焼き職人の技が目指すところとは反対の流儀だが、見た目に美しく……特別に食欲をそそるようである」

食欲を刺激するのは、正確に言えば、その不規則性である。さらにアウレリウスは、ほとんど熟れ過ぎて大きく裂けたイチジクの実も同様だ、と言ったそうだ。もし彼が二千年後に生まれていたら、ロンドン北部で超高級デリカテッセンのチェーン店を経営して、農民風のチーズやオリーブ、それにチャツネ（マンゴーなどの果実に香辛料・砂糖・酢などを加えてジャム状に煮たもの）を売っていたに違いない。何とも、残念で、もったいない話だ。

言うまでもなく、われわれが住んでいる今の世の中では、職人技と素朴さがもてはやされている。コラムニストのデイビッド・ブルックスは『**アメリカ新上流階級ボボズ　ニューリッチたちの優雅な生き方**』（セビル楓訳、光文社）にこう書いている。「古い世代の大人たちは、何もかも表面を滑らかに仕上げようとした。今日の教育を受けた大人たちは、なるべく荒っぽく見せようとする。昔は、天井のはりを下から見えないように覆った。今は、剝き出しにする。昔は、かさばった石の煙突にしっくいを塗ったが……今日では、大きな岩の形をした暖炉が好まれる」。いかにも安っぽくみえる品物をお金持ちが大金で買っていくのだ——ただ、そうした品物には、何かしら価値あるものが核として宿っているように見える。それは日本人の「（文化の）結晶」であり、英語を母国語とする人たちの間にも徐々に広まり、芸術や自己啓発の分野で話題になっているもの——つまり、「侘び寂び」だ。

私の能力ではこれを正確に定義することはとてもできないが、大ざっぱに言えば、「不完全さ」と「はかなさ」の中に美を見出す審美眼、といったところだろうか。風雨にさらされた家屋や、避けることのできない腐敗を思わせる荒削りなオブジェ、日本の茶道で使われる非対称で縁の欠けた不格好な陶磁器などがそうだ。

「侘び寂び」に詳しい芸術家のレオナルド・コーレンは著書にこう記している。「それは、不完全、無常、そして未完成のものが持つ美しさである。質素で謙虚なものの持つ美しさである」。彼とよく似た名前のシンガーソングライター、レナード・コーエンはさらに核心に迫り、こう歌っている。「完璧なことなど忘れてしまえ／どんな物にもひびがある／だから光が差し込んでくるのだ」。これは、人の生き方について説教する無数の大先生方が言うような、単に「不完全性」を受け入れればいいというものではない。**不完全性そのものが重要なのだ。**

懐疑論者たちはこれを、どっちつかずのスピリチュアルな洞察であるかのように考えるかもしれないが、その必要はない。昔から言われているように、「完全無欠」は人の心をかき乱す以外の何ものでもなく、人間同士の繋がりに何のきっかけも提供しない。これはおそらく、人間そっくりのロボットは人間に嫌悪感を抱かせる、という「不気味の谷」現象を説明する材料にもなるだろう。「**完璧なものなどない——たとえ完璧に見えても、われわれは無意識にその欠陥を探している**」と、マーケティングの権威、マーティン・リンストロームは書いている。

同様に、人間の顔の魅力に関しては、対称性や黄金比が重要な要素に思えるが——極端な言い方をすれば、そもそもわれわれの美人についての実感とはかけ離れたものなのだ。ちなみに、われわれの昨年の研究によると、最も完璧に近い左右対称の顔を持っているのはシャナイア・トゥエインで、それに次ぐのがアンジェリーナ・ジョリーだ。

もちろん、「不完全性」を、完全主義者のように徹底的に追求することはできる。台所のカウンターの上にたくさんの物を散らかしたとしても、それはまさしく不規則そのものの状態であって、そこには「侘び寂び」のかけらもないのだ。もしあなたがそこに美を見つけたとすれば、それはおそらく表面加工によるものだろう。

訳者あとがき

世の中に出回っている自己啓発本は、総じて文章が平易で内容もわかりやすく書かれています。例えば、一九三六年の出版以来多くの人に読み継がれているデール・カーネギーの『人を動かす』（創元社）や最近のミリオンセラーとなったロンダ・バーンの『ザ・シークレット』（角川書店）など、数えればきりがありません。できるだけ多くの一般読者に読まれることを目的としているのですから当然といえましょう。

しかし、それら自己啓発本を批判する目的で書かれた本書は、まったく違った様相を呈しております。まず、その内容は合計一〇〇近くのエッセイで構成されており、そのほとんどが哲学・心理学をベースにした評論です。著者バークマンは、読者の意表を突くユニークな、しかし極めて説得力のある論理展開で、時折ユーモアを織り交ぜながら、さまざまな自己啓発本の矛盾や欺瞞性を摘発しています。われわれがこれまで安易な気持ちで無批判に受け入れてきた自己啓発の指針や考え方を「それはおかしいじゃないの？　ここで一緒に考えてみませんか」と、持ちかけているのです。

本書が批判の対象とした自己啓発本は優に一〇〇冊を超え、著名なベストセラー作家も十数人が槍玉に上がっています。例えば、既述のデール・カーネギー、ロンダ・バーンのほか、ナポレオン・ヒル、ノーマン・ヴィンセント・ピール、アンソニー・ロビンズ、ウェイン・W・ダイアー、W・クレメント・ストーンなど、さらにはサイエントロジー教会などです。いずれも、バークマンの鋭い洞察力による斬新で大胆な批判が陰に陽に展開されています。

バークマンのエッセイは、時にはストレートに、時には皮肉たっぷりにわれわれに語りかけてきます。しかし、その思考経路は、必ずしも一般的でわかりやすいとはいえません。むしろ、神経質で、細かく微妙に曲折しています。ですから、普通のことを普通にしか考えない人には、なかなか理解しにくい部分があると思います。しかし、よく考えながら読んでください。そうすると、彼の偽らざる本音から出た真実の訴えに心を打たれ、共感することまちがいありません。ここが、全国の津々浦々に流通しているさまざまな自己啓発本と大きく異なるところです。

著者バークマンのもう一つの特徴は、自分の意見をダイレクトに表明することは少なく、他の作家、心理学者、評論家、療法士などの文献を多く引用していることです。これは、著者が自分の考え方の正当性・客観性を裏付けるために使った手法でしょうが、「私はこのように考える」とストレートに主張するのではなく、「誰それはこう主張しているが、私も同感だ」といったいわば間接話法が多い、という点で、これは客観性を高める反面、読者に直接訴える迫力に欠け、もどかしさを感じさせることは否めないでしょう。その意味でも、次に発刊された『The Antidote(解毒剤)』(『ネガティブ思考こそ最高のスキル』として二〇二三年三月に改題復刊)は著者自身の直接の言葉で、しかも平易な文体とストーリーで書かれているだけに、読みやすく迫力のある内容になっています。

著者オリバー・バークマンは自己啓発界にあっては、反逆児あるいは異端児のレッテルを貼られる存在でしょう。でも、その主張はマスコミの評判や大勢に迎合することなく、ましてや大御所の圧力に屈することなく、あくまで率直で切れ味の鋭い批判の目で現実の矛盾をついています。これを読んだ読者の皆さんが、今まで気付かなかった盲点に目覚め、真の自己啓発の道を歩まれることを期待してやみません。

翻訳するにあたり一番苦労したのは、何と言っても難解極まりない原文です。反語や逆説はもとより、皮肉な比喩や言い換え、突き放した表現、思いつきで挿入された文章、などなどです。複雑な心理描写は、時として微妙に、時として激しく曲折しています。これらを正確に理解し、著者の言わんとするところをわかりやすい日本語に翻訳するのに、通常の何倍もの時間をかけることになりました。

また、私の独断による誤った解釈や思い違いを犯さないように翻訳家仲間にアドバイスを求めることもしばしばありました。特に、谷誠一郎さん、坪田裕さん、高崎拓哉さん、若松洋子さん、中浜利生さんには一方ならぬお世話になり、ここに厚く御礼申し上げます。

また、こみいった内容であるだけに、そのまま訳してもまともな日本語になりません。これをかみ砕き、日本の一般読者に読んでもらえる文章にしなければなりません。地元（さいたま市）で作家養成に尽力されている露木元正先生はじめ多くの方々のアドバイスを受けながら推敲を重ねることができたのは幸運でした。ここに改めて御礼申し上げます。

最後になりましたが、今回の改訂版の出版にあたり添削編集、校正、他細々と御指導いただいた、河出書房新社の戸床さんはじめ皆様に厚く御礼申し上げます。

下 隆全

オリバー・バークマン

Oliver Burkeman

1975年、リヴァプール出身。ケンブリッジ大学社会政治科学部学位取得。イギリスの全国紙『ガーディアン』の記者。外国人記者クラブ(FPA)の若手ジャーナリスト賞受賞。英国で最も権威ある報道賞・オーウェル賞ノミネート。『ニューヨーク・タイムズ』や『ウォール・ストリート・ジャーナル』などアメリカの有名紙、雑誌『サイコロジーズ』や『ニュー・フィロソファー』にも寄稿。著書にベストセラー『限りある時間の使い方』、『ネガティブ思考こそ最高のスキル』他。

下 隆全

しも たかまさ

1940年、兵庫県出身。京都大学文学部英文学専攻。江商株式会社(現 兼松)にて、ドイツ・ビルマ(現ミャンマー)・インドなど海外駐在経験を積み、退職後は翻訳者として活動。主な翻訳書(共訳・下訳含)に、『世界陰謀史事典』(柏書房)、『ミケランジェロの暗号』(早川書房)、『モーガン夫人の秘密』(作品社)、『ダイヤモンドの語られざる歴史』『二日酔い』(国書刊行会)、『ネガティブ思考こそ最高のスキル』(河出書房新社)など。

本書は2014年8月に東邦出版より刊行された
『HELP！最強知的“お助け”本』を改題の上、復刊したものです。

HELP!　「人生をなんとかしたい」あなたのための現実的な提案

2023年4月20日　初版印刷
2023年4月30日　初版発行

著　者　オリバー・バークマン
訳　者　下 隆全
装　丁　西垂水敦・市川さつき(krran)
発行者　小野寺優
発行所　株式会社河出書房新社
〒151-0051
東京都渋谷区千駄ヶ谷2-32-2
電話 03-3404-1201(営業)
03-3404-8611(編集)
https://www.kawade.co.jp/

組　版　株式会社創都
印　刷　株式会社暁印刷
製　本　株式会社暁印刷

Printed in Japan
ISBN978-4-309-30026-9